道徳科授業サポートBOOKS

退屈な道徳に

さよなら

道徳授業がおもしろくなる技術

佐藤幸司 著

明治図書

はじめに

　本当は，もっと楽しい道徳の授業をしたい ― 。

　そう思っている教師は，たくさんいます。でも，思っているだけでは何も変わりません。楽しい授業をするためには，それを実現させるための準備が必要です。教材分析に発問・指示，授業展開と板書計画……。授業の準備は多岐にわたります。

　準備をするには，当然のことながら時間が必要です。ところが，学校現場は相変わらず多忙を極めています。働き方改革で定時退勤を半ば強制的に勧められても，自宅への持ち帰りの仕事が増えてしまったのでは意味がありません。

　楽しい道徳の授業をしたい。
　でも，授業の準備をする時間がない。

　時間がない状態を改善するには，限られた時間で効率よく授業の準備ができる術を知っておく必要があります。それは，教材分析の着眼点だったり，発問づくりの手法だったり，指導過程を構想するための知識だったりします。

　さらに，年間指導計画の作成や通知表と指導要録への評価所見の記載など，授業準備の他にもやらなければならないことが待ち構えています。授業準備の時間を確保するためには，これらの業務が負担にならないように可能な限り"時短＆効果的"にこなさなければなりません。

　私はこれまで，学級担任を25年間，教務主任を4年間，教頭を3年間，校長を5年間務めてきました。すべて公立小学校勤務です。ですから，学校現場の忙しさは重々承知しています。でも，本音を言えば，多少学校を出る時刻が遅くなったとしても，帰宅してからあれこれ授業のことを考える時間が

必要になったとしても，教師自身が翌日の道徳が楽しみになるような万全の準備をして授業に臨んでほしいと思っています。

　けれども，それはある程度のキャリアを積んでからの話になるのかもしれません。前述したように，まずは，業務軽減の術を身につけるべきです（それをしないで日々の業務にあたるのは，無防備です）。

　本書のタイトルは，「退屈な道徳にさよなら　道徳授業がおもしろくなる技術」です。

　教師も子供も本気にならない退屈な道徳と決別するためには，楽しい道徳をすることです（これ以外にありません）。でも，学校現場の多忙化解消は，「働き方改革」の旗振りからは大きな効果が見られません。結果，教科書教材だけを使って，「教師用指導書」に書かれている展開例通りに行われる"やればいい道徳"が蔓延しています。

　道徳の教科化の第一義的な目的は，授業の量的確保——道徳授業がすべての学級で確実に実施されること——でした。これは，ほぼ達成されています。けれども，授業時数が確保されればよいわけではありません。もし，退屈でつまらない道徳授業が毎週行われたのなら，それは子供たちにとって不幸なことです。

　道徳授業を毎週行っている先生方に，最も効果的に道徳授業をおもしろくする方法を伝えたい。そして，子供たちに「道徳っておもしろい」と感じてほしい。そんな願いを込めて，私はこの本を書きました。

　そのためには，何をどう変えていけばよいのか。本書では，その〈技術〉を全6章に分けて具体的な実践例と共に述べました。まずは手始めに，効率性も意識しながら退屈ではない道徳授業を実施してください。その先にあるのは，自分らしい楽しい道徳授業の創出と子供たちの笑顔です。

　2024年8月

佐藤　幸司

目次

はじめに　2

1章
時短な上に効率的な授業準備術

01　年度初め　年間指導計画作成は最短時間で　8

02　準備ほぼ0でワクワク授業開き　10

03　年間指導計画に1列加える　12

04　教師用指導書のデジタル教材を活用する　14

05　場面絵のカラープリントは導入で使える　16

06　場面絵のカラープリントを提示してアドバイス発問へ　18

07　終末で使うワークシートを1枚準備する　20

08　登場人物のイラストを準備する　22

09　日々の授業では指導略案をさらにシンプルに　24

Column 1　道徳教材づくりのススメ　28

2章
退屈さとは無縁の授業になる指導技術

01　「価値への導入」の功罪　30

02　「資料（教材）への導入」へシフトせよ　32

03　「気持ちを問う発問」の功罪　34

04　「行為を問う発問」へシフトせよ　36

05　これは一級品！　俯瞰的発問　38

06　ハッピーエンドの資料で俯瞰的発問を　40

07　悲しい結末の資料でも生徒指導でも使える俯瞰的発問　42

08　「自己を見つめる場面」をどうするか　44

09 終末は説話よりも余韻を大事にする　46

10 幸せな結末へ　48

Column 2　メタ・価値への導入　50

3章
つまらない教材を価値ある教材にする 教科書活用術

01 資料（教材）が悪いのではない　52

02 「基本型」と呼ばれる指導過程　その意図　54

03 「教科書＋教師用指導書のセット」を自分流にアレンジ　56

04 「偉人やアスリートの教材」はこの発問でブラッシュアップ　58

05 「悪い子・ダメな子」が登場する教材で長所さがし　60

06 発問づくりは「矛盾」に注目　62

07 授業のユニットをつくる　64

08 伝えるだけでいい教材もある　66

09 教科書を導入用または終末用に使う　68

10 教科書だけで無理に引っ張らない　70

11 実話でさらに考えてみる　72

12 「生命の尊さ」の授業に一休さんの言葉を　74

13 「いじめの四層構造」の図を準備する　76

Column 3　資料と教材　80

4章
マンネリを打破するオリジナル教材活用術

01 オリジナル教材で手ごたえを実感しよう　82

02 この絵本１冊あればいい（1）『ありがとうのえほん』　86

03 この絵本１冊あればいい（2）『とうふこぞう』　92

04 ダンボに学ぶ〜偶然をチャンスに変える生き方〜 98

05 「日本一短い手紙」でつくるハートフル道徳授業 102

06 用紙（白紙）１枚あればいい「夢は大きいほうがいい？」 108

07 チョーク１本あればいい「『勇気の缶詰』買いますか？」 114

Column 4 単発でできるのも道徳のよさ 120

5章
一番忙しい時期をスマートに乗り切る 評価所見作成術

01 まずは確認　道徳科の評価 122

02 指導要録を意識した通知表所見を書く 126

03 評価所見作成の心得 128

04 記録（文字）と記憶（板書写真）に残す 130

05 通知表所見　実例（１）教材別に書く 132

06 通知表所見　実例（２）テーマ（内容項目）別に書く 136

07 通知表所見　実例（３）学びのタイプ別に書く 138

08 通知表所見を指導要録へつなげる 140

Column 5 通知表と指導要録の同時進行にチャレンジ 142

6章
本物の働き方改革 道徳授業づくりは学級づくりそのものである

01 意見のつなぎが心をつなぐ 144

02 温かい雰囲気で実感する 146

03 道徳授業が“働き方を改革”する 148

おわりに 150

1章

時短な上に効率的な授業準備術

Chapter1

Chapter1 01
年度初め　年間指導計画作成は最短時間で

　年度初めは，山のように学級事務があります。優先順位をつけてこなしていかなければなりません。授業の1年間の指導計画作成（または吟味）にかける時間はありません。そこで，まず「とりあえずの基本案」を作成します。指導計画の作成よりも，実際に4月に行う授業の構想・準備を優先し，道徳授業を楽しくスタートさせましょう。

年度初め　そんな時間はありません！

　新年度，子供たちとの出会いに向けて「よし，準備を進めるぞ！」と気合いを入れていると，教務主任からこんな宿題が出されました。
　「学級経営案は，今月中に提出してください。道徳科の年間指導計画のページもありますので，よろしくお願いします」
　（へぇ〜，そうなんだ……）とそのときは軽く聞き流したものの，後で学級経営案作成用のデータを見てびっくり！　書式の枠組みはできていますが，内容はほとんど白紙です。今年赴任した学校では，道徳科の年間指導計画は学級経営の方針と関連付けて，新年度に新しい担任が0から作成することになっているのでした。
　道徳科は，年間指導計画に基づいて年間35時間（小学校1年は34時間）実施することが大事——それはわかっています。でも，新年度の準備に追われるこの時期，道徳科の年間指導計画を作成する時間はありません。ほとほと困ってしまったK先生でした。

教科書会社のホームページをフル活用

　例えば，教科書会社のホームページから「道徳」に進み「資料ダウンロード」をクリックすると，年間指導計画案が Word/Excel/PDF でダウンロードできます。ここでは，自分が使いやすいソフトを選びます。

　ファイルを開くと，月ごとに教材が配列されており，「指導内容（内容項目）」「主題名」「ねらい」「主な発問」「評価の視点」「他教科等との関連」が示されています。年間指導計画の作成に必要な情報は，すべてここから入手できます。これを使わない手はありません。自分の学校の書式に合わせて必要な内容をコピペ（copy and paste）して作成を進めましょう。

　各教科の授業であれば，教科書の順番通りに年間の授業が進んでいきます。

　道徳科では，どうでしょうか。道徳の教科化に伴い無償配付されるようになった検定教科書は，教材の配列も十分に吟味されています。基本的には，ページの最初から順番に使用すれば，その時期や季節，学校行事に合致する内容の教材が掲載されています。そして，すべての内容項目をバランスよく扱えるようになっています。道徳科の授業も，各教科と同じように教科書の順番通りに授業を進めれば，間違いはありません。

　ですから，年度初めの年間指導計画は，とりあえず教科書会社が提供しているデータをフル活用しましょう。ここに時間をかけすぎると，肝心の授業準備に影響します。これを「道徳科年間指導計画　基本案」として，授業を進める中で（少し余裕が出てきてから），加筆修正を加えていきます。

・年度初めの多忙な時期に，年間指導計画作成に時間をかけすぎない。実際の授業準備を優先させる。
・教科書会社のＨＰからデータをダウンロードし書式に合わせて活用する。

Chapter1
02
準備ほぼ0でワクワク授業開き

　4月最初の道徳科の時間です。子供たちに「道徳って，おもしろそうだな！」という期待をもたせたいものです。
　道徳科の授業開きですべきことは，2つあります。
　まず，「道徳の時間」の定義づけをします。次に，リクエスト方式で新しい教科書との出合いを楽しみましょう。

道徳の時間とは？

　授業の始まりのあいさつを終えたら，黙って黒板に次のように書きます。
　　【　道　徳　】
　書き終えたら，子供たちのほうを向いて，
　「読めますか」
と尋ねます。「道」は小学校2年生，「徳」は4年生で学習する漢字です。1年生はさすがに読める子はいないかもしれません。でも，2年生以上であれば，学級に何人かは読める子がいるはずです。読み方を確かめたら，
　「道徳って，どんな勉強をする時間なのでしょうか」
と聞いてみてください。ここで，具体的な教材名や「友達を大事にする勉強」とか「正しい行動について学ぶ時間」といった返答がある学級は，前担任がしっかりと道徳授業を実施してきた学級です。
　子供たちの発表を聞いたら，次に教師自身の「答え」を示します。
　私は，子供たちに，
　「道徳とは，心をどう使うのかを勉強する時間です」
と話します。

道徳科の授業開きでは、教師が「道徳の時間とは？」の問いに対する具体的な答えをしっかりもって、道徳授業をスタートさせましょう。

教科書との出合いはリクエスト方式

　いよいよ新しい教科書との出合いです。どの出版社の教科書にも、冒頭に「道徳のとびら」「道徳の学び方」といったオリエンテーション的な内容が掲載されているはずです。まずは、オリエンテーションのページを読んで教科書を使った授業のイメージをもたせましょう。

　新しい教科書を手にするのは、うれしいものです。中身を読んでみたくなります。そこで、子供たちにこう語りかけます。

　「どんなお話が載っているのか、自分で道徳の教科書を読んでみましょう」
10〜15分間、自由に教科書を読む時間を取ります。時間になったら、
　「みんなで読んでみたい話はありますか」
と聞き、子供たちからリクエストを取り、教師が読み聞かせます。残りの授業時間にもよりますが、3つ程度の話は読めることでしょう。読み終えたら、
　「一番心に残った話はどれですか」
と聞いて、各自の感想を交流します。いいお話を読み聞かせると、子供たちの心がほっこりします。授業を終えたとき、きっと教室内に心地よい雰囲気が生まれていることでしょう。

・授業の準備は、教科書の教材にざっと目を通しておくだけで大丈夫。
・子供たちが、「道徳って、いいな」「道徳って、おもしろそうだな」と感じたら、「つかみはOK」。

Chapter1 03
年間指導計画に1列加える

　学校教育は，計画的・意図的に進められます。ですから，行き当たりばったりの授業ではいけません。けれども，年間指導計画に縛られると，教師の創意工夫が認められにくくなり，窮屈な授業になってしまいます。大事なのは，そのバランスです。
　年間指導計画に1列加えると，この問題は解決します。

教え残しがあってはならないのは，内容項目

　年間の授業を計画的に行うためには，最低限，「何月の第何週目」に扱う内容項目と教材がすぐにわかる一覧表が必要です。では，内容項目と教材，どちらが大切でしょうか。それは，内容項目です。
　内容項目は，「学習指導要領」の第3章　特別の教科　道徳，第2　内容に4つの視点（A：主として自分自身に関すること，B：主として人との関わりに関すること，C：主として集団や社会との関わりに関すること，D：主として生命や自然，崇高なものとの関わりに関すること）に分類整理して示されています。内容項目の数は，小学校第1学年及び第2学年（19），小学校第3学年及び第4学年（20），小学校第5学年及び第6学年（22），中学校（22）です。
　教え残しがあってはならないのはこれら内容項目です。主たる教材は教科書ですが，それ以外の教材を使用してはいけないのではありません。むしろ全く逆で，「充実した教材の開発や活用」は「学習指導要領」でも明確に奨励されているのです（参照：『小学校学習指導要領（平成29年告示）』P.168）。
　ですから，内容項目の配列は基本的に変更しません。ただし，明確な変更

の意図があれば、その都度柔軟に対応します。内容項目は着実に扱い、教材の選択・開発に教師の思いや主体性が生かされるようにします。

「特別授業・特別教材」を書き加える

道徳授業の活性化のために一番大事にしたいのは、「特別授業・教材」です。ここには、地域教材や市販の実践集からの教材、担任による開発教材などを記載します。

■第4学年 年間指導計画　※参考 『とっておきの授業』シリーズ（日本標準）

月	時	主題名・教材名	指導目標	特別授業・教材・その他
4月	1	大切な命 1.（教科書教材）	D 生命の尊さ 命を大切にしようとする… …心情を深める。	
	2	節度のある生活 2.（教科書教材）	A 節度、節制 自分でできることは… …態度を養う。	A 節度、節制 「金銭教育から考える物の大切さ」 　自分の持ち物につまっている家族の思いや苦労に気づき、自分の物を大切にしようとする意欲を育てる。 『とっておきの道徳授業19』（日本標準）P.47～
	3	気持ちのよいあいさつ 3.（教科書教材）	B 礼儀 挨拶すると… …態度を養う。	
	16	あきらめない心 16.（教科書教材）	A 希望と勇気、努力と強い意志 強い意志をもって… …心情を育てる。	A 希望と勇気、努力と強い意志 「ラストレース」での小平奈緒選手の姿から、周りの人の励ましに感謝の気持ちをもちながら目標に向かって努力しようとする意欲を育てる。 『とっておきの道徳授業20』（日本標準）P.127～

この欄は、授業を実施するごとに加筆修正を加えていきます。少し余裕が出てくる5月頃になったら、年間指導計画もバージョンアップさせましょう。

- 道徳科の授業を「きちんと」実施するためには、年間指導計画が必要。
- 内容項目をもれなく扱い、教科書を主教材としながら積極的な教材開発も行う。それには「特別授業・教材」の列を加えた一覧表がいい。

Ⅰ章　時短な上に効率的な授業準備術　13

Chapter1
04
教師用指導書のデジタル教材を活用する

　「教師用指導書」を参考にした授業……というと，マニュアル通りで工夫のない授業のように思われがちです。けれども，GIGAスクール構想の実現に伴い，「教師用指導書」に収められているデジタル教材の内容が充実してきました。年度当初に配られた「教師用指導書」のセットの中にどんなデジタル教材が入っているのかを確認しましょう。

使わなければ損！

　児童生徒用の教科書は，「義務教育諸学校の教科用図書の無償措置に関する法律」に基づいて無償で配付されます。けれども，「教師用指導書」は，もちろん有料です。

　「教師用指導書」の価格は，教科や学年によって違いはありますが，1学年1教科のワンセットで15,000円〜35,000円ほどします。4月に学年または学級に配られるので「高額なセット」という意識が薄れがちですが，これは設置者である教育委員会が購入して各学校に配付しているものです。支払いは，税金で賄われています。せっかくいただいたのに中身の確認もせずに本棚に1年間しまいこんでいた……などということがあってはなりません。

　令和6年度からは，小学校では改訂された「令和6年度版教科書」が使用され，「教師用指導書」も新しくなっています。各教科書会社では，特にデジタルコンテンツの充実に力を入れています。価格に見合った（できればそれ以上の）活用をしていきましょう。

まずは使ってみよう

　各教科書会社発行の「指導者用デジタル教科書（教材）」には，教科書紙面と提示用のコンテンツが収録されています。また，教科書の図版（挿絵）を単独表示することもできます。

　授業では，まずこのページを大型テレビやスクリーンに映し出して，
「今日の道徳で勉強するページです。さて，何ページでしょうか」
と尋ねます。すると子供たちは，一斉に手元にある教科書を開いて教材のページを探し始めます。ちょっとした指示ですが，これだけで学習への入り方が違ってきます。

　ページを確認したら，教師が範読します。子供は，教科書でも画面でもどちらを見てもよいことにします。読み終えたら，
「気になった場面やみんなで話し合ってみたいことはありませんか」
と問います。一人で考える時間やペア，グループで話し合う時間を取るのもよいでしょう。

　発表するときは，テレビ（スクリーン）の前に来て，その場面を指示棒やポインターで指しながら行います。話し合う場面や内容は，教師からの発問ではなく，子供の問いとして引き出します。

　話し合う場面や問い（課題）が決まったら，その場面の図版を拡大して提示します。デジタル教材の活用は，子供たちの学習意欲を効果的に引き出し，活発な意見交流ができるはずです。

- 「教師用指導書」には，その教材のどんなデジタルコンテンツが入っているか確認する。
- 教師も，デジタル教材に積極的にチャレンジする。

Ⅰ章　時短な上に効率的な授業準備術

Chapter1 05
場面絵のカラープリントは導入で使える

　教科書教材で授業をするときには，場面絵のカラープリント（提示用）を準備します。ほとんどの場合，教師用指導書のデジタル教材の中に入っているデータから印刷できるはずです。
　この項では，場面絵を授業の「導入」で効果的に用いる方法について紹介します。

登場人物はどっちのタイプ？

　道徳授業は，一般的に「導入→展開→終末」という指導過程（流れ）で行われます。これは決まった形があるわけではありませんが，例えば作文でも「はじめ・なか・おわり」という構成があるように，3部構成にするとしっくり落ち着いた感じになります。
　授業準備では，教材中の登場人物に注目します。その人物は，次のどちらのタイプでしょうか。
　①よく考えずに（不道徳な）行動をして，最後には困ってしまった
　②判断に悩む場面があったが，最後は望ましい（道徳的な）行動ができた
　すべての教材が①か②に当てはまるわけではありません。大まかに分けるとどちらに近いか……という観点で考えます。
　①（最後には困った）の場合，対照的な場面の絵を1枚ずつ（計2枚）準備します。おそらく，最初の場面と最後の場面になると思われます。
　②（最後は望ましい行動）の場合，登場人物が悩んでいる場面の絵を1枚準備します。こちらは，中頃の場面が多いと思われます。

「導入」で"読みの視点"を与える

ここで、どーとくん（道徳のチカラのマスコットキャラクター）に登場いただいて説明を続けます。

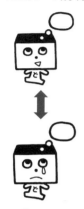

①の場合は、まず、笑顔の登場人物が描かれた場面を提示します。「どんな顔をしているかな」「どんな様子かな」と問えば、子供たちからは、「楽しそう」「何かうれしいことがあったのかな」という返答があるでしょう。

次に、悲しそうな登場人物が描かれた場面を提示します。ここは、特に発問をしなくても、子供たちの間から「あれ、どうしたのかな」というつぶやきが聞こえるはずです。この対比から、「どーとくんは、どうして悲しくなったのかな？」という"読みの視点"が生まれます。

②の場合は、登場人物が悩んでいる場面を提示します。ここで提示するのは、悩んでいる場面の絵１枚です。子供たちに「どーとくんは、何を悩んでいるのだろう？」という問いが生まれます。これが、①の場合と同じく"読みの視点"となります。

「導入」で、子供たちの「お話を読んでみたい！」という学びの意欲を高めます。それには、場面絵の提示が効果的です。教材の内容に合わせて、場面絵の枚数や提示の仕方を工夫しましょう。

・登場人物の行動に注目し、①（最後は困った）か②（最後は望ましい行動）、どちらのタイプとして描かれているかを判断する。
・場面絵を「導入」で提示し、子供たちに教材への"読みの視点"を与える。

Chapter1
06
場面絵のカラープリントを提示してアドバイス発問へ

　授業では，子供たちにその時間で学ぶ道徳的価値をしっかりと伝えたいものです。でも，教師の思いが強すぎると，お説教っぽくなったり，「押しつけ」になったりしてしまいます。

　場面絵を提示してアドバイス発問をすると，登場人物と自分を結びつけながらこれからの自分の行動（生き方）を考えることができます。

登場人物に言葉をかける

　教科書教材のジャンルの一つに，生活文があります。子供の日記や作文が出典の実話もありますが，多くは道徳の教材用として作成されたフィクションです。学校生活や家庭生活でのよくありがちな場面を取り上げているので，子供の経験に近いエピソードが描かれているのが特徴です。

　教科書で基本的な生活習慣について学習する生活文教材（Ａ　節度，節制）では，「整理整頓をしなかったので，後で困ってしまった……」という場面がよく登場します。例えば，主人公・どーとくんの机の中には，教科書やノートがごちゃごちゃに入っています。先生から

「観察カードを出してください」

と言われても，カードを見つけることができません。

　どーとくんは，べそをかいてしまいました。

　ここで，よくあるのは，

「どーとくんは，今，どんな気持ちでしょうか」

という気持ちを直接聞く発問です。気持ちを直接問うと，「悲しい」「困った」「どうしよう」という短絡的な言葉はすぐに出されますが，その後の話

し合いがなかなか続きません。

　この場面では，
「あなたなら，どーとくんに，どんな言葉をかけてあげますか」
と問いかけてください。これがアドバイス発問です。

　子供たちからは，
・困ったね。だから，机の中は，きれいにしておいたほうがいいんだよ。
・次の休み時間に，机の中をきれいに整理整頓しようね。
という発言があります。

　発言が出尽くしたら，その言葉をかけてあげる理由（アドバイスする理由）を聞きます。
・ぼくも，前にプリントが見つからなくて困ったときがあったから。
・家でも，お母さんから「整理整頓をしなさい」って，言われているから。

　理由の中には，子供たちのこれまでの経験がたくさん出されるはずです。道徳の時間では，自分の経験を語ることを重視します。経験を語ることで，資料と自分自身とがしっかりと結びつき，他人事ではない自分事として考えることができるようになります。

　失敗談が描かれた生活文教材では，登場人物が最後に困ってしまった場面絵を提示します。そして，なぜこうなってしまったのか，理由を確認した後に，どうすればよかったのか（当為）を考えます。それをアドバイスという形で言語化して，その言葉の根底にある子供の経験を引き出します。

・登場人物が最後に困ってしまった場面絵を提示して，どうすべきだったのかを話し合う。
・子供たちからのアドバイスは，すなわち道徳的な行為を示している。

Chapter1 07
終末で使うワークシートを1枚準備する

　道徳が教科化されてから，授業の「終末」で「振り返り」と称して自分の学びや感想を書く活動が多く取り入れられています。書く活動は大切ですが，それが「評価の材料にする」という教師側の都合になっていませんか。
　書く活動が子供の深い学びにつながるように，ワークシートを1枚準備します。そして，逆・アドバイス発問をして何を書くのかを明確に指示します。

逆・アドバイス発問とは

　前項で，アドバイス発問について述べました。子供たちが，登場人物にアドバイスする（教えてあげる）のがアドバイス発問です。
　「どうすればよかったのかな。どーとくんに教えてあげよう」
　こう問うことで，子供たちは，どう行動すべきだったのか（望ましい行為）を考え，登場人物に優しく語りかけます。
　逆・アドバイス発問は，文字通り，その逆です。登場人物から子供たちがアドバイスを受けます（教えてもらいます）。具体的には，次のような発問になります。
　「今日の道徳で，どーとくん（どーとくんたち）から，どんなことを教えてもらいましたか」
　授業の「終末」でこの発問をします。
　発問した後に，話し合いをして授業を閉じることもできます。しかし，話し合いだと残り時間の制限もあり，なかなか全員に発言の機会を与えるのが難しくなります。そこで，ワークシートを1枚準備します。

登場人物の顔を印刷するだけで完成

　ワークシートの作成と言っても，内容はいたってシンプルです。
　Ｂ５またはＡ４の用紙に
　①月日，名前の欄
　②登場人物の顔
　③紙幅があれば花などのイラスト
を入れます。罫線やマス目があれば書きやすくなりますが，特になくても大丈夫です。
　イラストは，白黒にします。これは，早く書き終えた子が塗り絵をして待つためです。
　塗り絵をすると，妙に心が落ち着きます。特に低学年の子は，塗り絵が大好きです。書き終えたら塗り絵をして

待つことを伝えると，塗り絵がしたくて一生懸命に書き始める子もいます。
　「自分が教えてもらったこと」は，すなわち自分自身の道徳的な学びを意味します。「終末」での書く活動のめあてが明確になり，その時間の「学習のまとめ」がすっきりと文字化され，実践化への意欲付けとなります。

・授業の最後に「振り返り」を書くのなら，そのめあてを明確にする。
・ワークシートを１枚準備する。基本の書式データに発問・指示やイラストを加えて，別の時間にも活用する。

Chapter1
08
登場人物のイラストを準備する

　ほとんどの教材には，人物が複数登場します。主人公の行動や心情が前面に出て描かれている話であれば複雑ではありませんが，4〜5人が登場となると，その関係をまず整理しなければなりません。

　内容理解に時間をかけすぎず，かつ楽しく授業を展開するために，登場人物のイラストを準備しましょう。

「かぼちゃのつる」に誰が出てくる？

　「かぼちゃのつる」という教材があります。小学校1・2年の定番教材です。この話の登場人物を正確に言うことができますか。

　登場するのは，かぼちゃ・ちょうちょう・いぬ・みつばち・すいか，5人の人物です（お話に登場する人物ですので，「人」で数えます）。トラックを運転していた人を入れると，総勢6人です。大人でもすぐには答えられない数ですから，低学年の子供たちにはなおさら丁寧に整理する必要があります。

　この写真は，実際の授業での板書です。登場人物5人のイラストを準備します。これも，教師用指導書のデジタルデータに入っていることがありますので，まず確認してください。入っていないときは，デジタル教科書のページをPC画面に出して，Snipping Toolで必要な部分を切り取ります。Snipping Toolは，「すべてのアプリ」の目次「S」にあります。切り取った画像は，「ピクチャ」→「スクリーンショット」の中に保存されます。これを「右クリック」→「印刷」で

使いやすい大きさにカラープリントします。掲示する資料（イラスト）が大きすぎると板書を圧迫してしまうので，登場人物が複数の場合は，Ａ４判がちょうどよいでしょう。

※授業の目的で必要かつ適切な範囲でのコピーは，著作権法で認められています。

子供の発表に合わせて提示

　授業では，教材文を教師が範読した後に，
「誰が出てきましたか」
と聞きます。そして，子供たちから発表のあった順に，人物のイラストを提示します。話に出てくる順番は，教師が黒板にはるときにさりげなく調整していきます。教材に出てくる順番よりも，子供たちからの発表順を優先してください。

　黒板にイラストをはったら，登場人物を立場ごとに「仲間わけ」をします。「かぼちゃのつる」の場合は，わがままな行動をしているのがかぼちゃ１人，そのせいで困ってしまったのがちょうちょう・いぬ・みつばち・すいかの４人です。すると，板書写真のように，かぼちゃ ⇔ みんな という位置付けができます。これで，登場人物とその立場を視覚的に理解することができます。

　最後の場面では，つるを切られたかぼちゃが泣いています。このエンディングでは，前述した「アドバイス発問」が有効です。

・道徳の学習でも，まずは教材の内容理解が必要。登場人物のイラストを準備し，子供たちと対話しながら楽しく進めていく。
・板書を効果的に活用し，登場人物の立場が一目でわかるようにする。

Chapter1
09
日々の授業では指導略案を さらにシンプルに

　よい授業を行うには，教材研究が欠かせません。その大切さはわかっていても，日々の業務に追われてなかなか道徳の教材研究まで手が回らない……という先生も少なくないようです。

　そこで，時短＆効率化の教材研究の方法として，板書イメージのメモ書きを紹介します。

授業の全体像をシミュレートする

　道徳授業の前日は，授業の全体像をシミュレートします。これは，頭の中の作業です。机に向かって鉛筆を持ち，姿勢を正して真剣に考える……のではありません。メモ書きしたりノートに書いたりせずに，ゆったりとリラックスした状態で教材と向き合いながら思いを巡らせます。

　ここで，この発問をする。子供たちがこうきたら，こう切り返す。次にこの資料だ。提示の仕方は，こんなふうにしよう。あれこれ考えていると，わくわくしてきます。道徳の時間が待ち遠しくなるのは，子供はもちろん，教師も準備のときから授業を楽しんでいるからなのです。教師が楽しければ，子供も楽しいはずです。

　授業の成功・失敗に大きく影響するのは，授業の"落としどころ"です。最後は，ここにもっていくというぶれない落としどころを教師がしっかりと決めておけば，子供たちから出される多様な考えを，余裕をもって受け止めることができます。

板書型指導案

　これは，ある小学校の1年生に行った授業で配付した資料です（抜粋）。板書計画に発問・指示を加えた板書型指導案です。板書型指導案のよさは，授業の全体像が一目でイメージでき，落としどころが明確であることです。

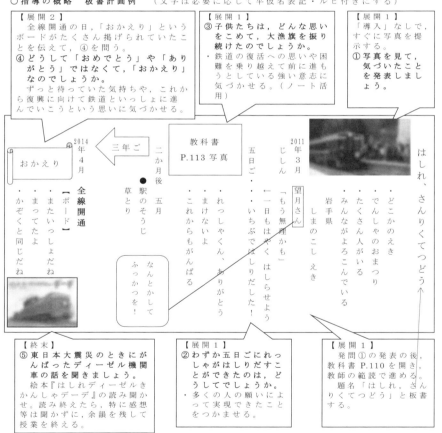

　これは指導略案ですが，略案であっても毎回の授業でこれを作成するのは，容易ではありません。そこで，おすすめするのは，板書型指導案をさらに簡

1章　時短な上に効率的な授業準備術　25

略化した，板書イメージのメモ書きです。

最終板書イメージ図があれば大丈夫

　事前の準備では，授業の全体像をしっかりとイメージしておきます。でも，授業になったら事前の計画には縛られないことを心がけます。

　計画通りに進むのがよい授業ではありません。子供たちの多様な考えを受け止めて，教師の「アドリブ力」を発揮しながら柔軟に授業を展開していきます。そのためには，詳しい学習指導案が逆効果の場合があります（作成に時間がかかるという本音もあります）。ですから，下図の「板書イメージ」のように，この程度の大まかなメモだけをつくります。

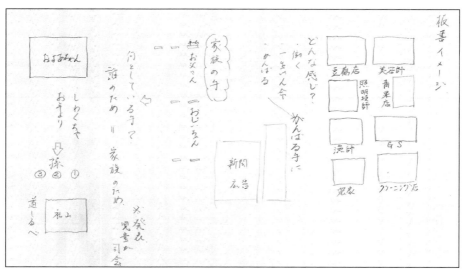

　このメモは，道徳授業「道しるべ」の板書イメージです。Ａ４用紙を横置きにして，鉛筆で書きました。日頃の授業でも，まず頭の中でシミュレーションしてから，この程度の簡単な覚書を作成します。

　資料は，福山雅治さんの楽曲『道標』とハンドクリーム「ユースキンＡ」の新聞広告です。『道標』との出合いは，2009年5月19日に朝日新聞に掲載

されたコラム「祖母の手」です。この記事には，おばあちゃんの手の写真と一緒に，『道標』に込められた福山さんの思いが綴られています。福山さんが，大好きだった祖母への感謝の気持ちを込めてつくったのがこの曲です。

「ユースキンA」の広告には，美容師・漁師・ガソリンスタンドなど，14人の働く人の手が掲載されています。そして，「がんばる手に，"ありがとう"」という言葉が添えられています。

最終板書をイメージするのは，そのまま授業の全体像を構想することになります。綿密な板書計画はつくらずに，あくまで全体のイメージだけを記憶に留めて授業を行います。そして，到着地点（授業の目標）を目指して，子供たちと一緒に教師も楽しみながら進んでいきます。

授業では，まず，「ユースキンA」の広告から，8枚の働く人の手を提示します。そして，ハンドクリームの広告であることを知らせ，「がんばる手に＿＿＿」と板書し，＿＿＿に入る言葉（ありがとう）を考えます。次に，自分の家族の手を思い浮かべて，その手が「誰の・何をしている手」なのかを発表させ，「それは誰のため」なのかを考えます。子供たちの意識が「家族」に向いたところで，コラムに掲載されていたおばあちゃんの手を提示し，福山さんの楽曲『道標』へとつなげます。おばあちゃんのお孫さんが福山雅治さんであることを伝えると，子どもたちからは驚きの声が上がりました。最後は，私の趣味であるギター弾き語りでエンディング……，という授業です。

参照：佐藤幸司編著『とっておきの道徳授業11』（2012年，日本標準）

Point

- 日々の授業の教材研究は，効果的に行いたい。それには，最終板書をイメージしたメモ書きが有効。
- 授業の落としどころを決め，子供からの多様な考えを余裕で受け止める。

———————— Column 1 ————————

道徳教材づくりのススメ

　道徳が「特別の教科」になってから，残念なことがあります。それは，自分で教材をつくって授業をしようとする教師が減ってしまったことです。

　私は，教員になった最初の年（1986年）からずっと自作教材の開発を行ってきました。自分で道徳授業をつくっていると，「どうやったら，道徳で使える資料が見つかるのですか」という質問を受けることがあります。
　それは，「自分は，子供たちと一緒にこんな道徳授業をしてみたい」「自分の学級の子供たちをこんなふうに育てたい」，という思いをもっているかどうかにかかっています。そういう思いをもっていると，授業の素材は，向こうから飛び込んでくるようになるのです。

　教材開発の秘訣があるとしたら，それは出会いを楽しむことです。出会いは，偶然にやってきます。資料との出会い。資料を通じた人との出会い。そして，最大の楽しみは，授業を行うときの子供たちとの出会いです。

　また，プラス１の努力も必要です。例えば，使えそうな新聞記事を見つけたときには，切り抜いてファイルに保管しておきます。テレビで子供に見せたい映像が出てきたときには，すぐにリモコンのボタンを押して録画しておきます。書店に行ったときには，教育書コーナーばかりにいないで，道徳で使えそうな本はないかどうか店内をぐるりと見回してきます。

　そうしたほんの少しの努力が，いい資料との出会いにつながります。これが苦痛になっては長続きしません。ほんのわずかな「プラス１」の努力を楽しみながら教材づくりを始めてみてはいかがでしょうか。

2章

退屈さとは無縁の授業になる指導技術

Chapter2
01
「価値への導入」の功罪

　映画や小説で，最初から結末がわかってしまったらどうでしょう。興味が半減してしまうのではないでしょうか。
　道徳の授業でよく行われる「価値への導入」でも，同じような場面をよく見かけます。よかれと思って発した教師の問いが，子供たちの学習意欲を低下させてしまうのです。

導入　2つのタイプ

　導入には，2つのタイプがあります。

(1) 価値への導入
　その時間の「めあて」を子供たちにつかませるための導入です。「価値への方向づけ」とも呼ばれ，これまで一番広く行われてきました。その授業で扱う内容項目に直結する問いを出します。
(2) 資料（教材）への導入
　その授業で扱う資料に関連する写真を提示したり，問いを出したりします。子供たちから「今日の授業はおもしろそうだぞ」という興味関心を引き出し，学習意欲を高めます。

　かつては，もう一つのタイプとして「雰囲気づくり」がありました。これは，歌を歌ったり，簡単なゲームをしたりする導入です。心を開放して，リラックスして授業に臨むようにします。ただ，授業内容との関連はほとんどありませんでした。そのためか，最近ではほとんど見かけなくなりました。

先が見えすぎる

　道徳クイズです。次のA～Dは、「価値への導入」でよく行われる発問です。それぞれの授業が扱う内容項目は何でしょうか。

> A：わがままを言ったことはありますか。どんなわがままですか。
> B：友達がいてよかったことはありますか。
> C：「みんなのきまり」には、どんなものがありますか。
> D：みなさんは、命を大切にしていますか。

　Aは「節度，節制」，Bは「友情，信頼」，Cは「規則の尊重」，Dは「生命の尊さ」です（もちろん，全問正解でしたね）。それぞれ，内容項目の4つの視点からの出題です。

　この問いを聞いただけで、その時間に学習する内容や結末が容易に想像できます。これを「明確な課題提示になる」とか「学習のめあてをもたせられる」とか、よい点（功）ととらえることもできます。

　しかしながら、ほとんどの場合，例えばCを聞いた子供たちは、
　「今日は、『きまりを守りましょう』という勉強だな……」
とすぐに先を読みます。結末が見えてしまう話はおもしろくありません。導入の段階で授業のゴールがわかってしまうのでは、学ぼうとする意欲がそがれてしまいます。これが、「価値への導入」の悪い点（罪）です。

・「価値への導入」は、いじめ問題や環境問題等、明確な課題のもとに進める学習（問題解決的な学習）に適している。
・反面、結末がすぐに想像できるため、逆効果になってしまう場合が多い。

2章　退屈さとは無縁の授業になる指導技術

Chapter2
02
「資料（教材）への導入」へシフトせよ

　「価値への導入」が道徳授業の退屈さの一因になるのであれば，これをやめるのがシンプルな解決策です。
　そこで，「資料（教材）への導入」の出番です。これまでは「価値への導入」が圧倒的なシェアを占めていました。まず，この先入観を捨てます。そして，どんな導入なら子供たちの学習意欲を引き出せるのかを考えましょう。

教科書定番教材の場合

(1) 小学校低学年「かぼちゃのつる」
　最初に，他の人の畑にまでつるを伸ばしているかぼちゃの絵を提示して，
　「かぼちゃくんは，どんな顔をしていますか」
と問います。次に，車につるをひかれて泣いているかぼちゃの絵を提示して
　「かぼちゃくんは，どうして泣いているのだと思いますか」
と問います。2つの異なる表情のかぼちゃの絵を対比的に提示して，お話への興味をもたせます。そして，「わがままをしてはいけない話」という先入観をもたずに，純粋にお話の世界を楽しもうとする雰囲気をつくります。

(2) 小学校中学年「雨のバスていりゅう所で」
　この教材の内容項目は，「規則の尊重」です。題材になっているのは，バス停留所での規則についてです。しかし，ここではあえて他の場所での規則に言及してみましょう。
　例えば，図書室です。学校の図書室の写真を提示して，
　「図書室で守らなければならないきまりには，どんなものがありますか」
と問います。子供たちがいつも利用している公共の場所（図書室）のきまり

を考え，次に少し範囲を広げた公共の場（バス停）でのきまりへと思考を広げていきます。これは，「価値への導入」の意図も含んだ「資料（教材）への導入」と言えます。

(3) 小学校高学年「手品師」

　子供たちにとって，「手品師」という言葉もその職業も，あまりなじみはありません。そこで，最初に【手品師】と板書し，読み方（てじなし）やどんな仕事をしている人なのか等を確認します。次に，友人からの電話に悩んでいる手品師の場面絵を提示します。ここで，
「手品師は電話をしながら，どんなことで悩んでいるのでしょうか」
と問い，子供たちをお話の世界に引き込みます。
※ (1)「かぼちゃのつる」，(3)「手品師」は，１章５項で述べた「場面絵のカラープリントは導入で使える」の具体例になります。

ノンフィクション教材では実物を提示

　教科書には，ノンフィクション教材も取り上げられるようになりました。実話が教材の場合，内容に関係する実物の提示が効果的です。例えば，やなせたかしさんであればアンパンマンのぬいぐるみ，大谷翔平選手ならグローブ，オリンピック関係なら五輪マークやマスコットキャラクターなどです。
　ノンフィクション教材は，その内容が事実であるからこそ迫力があります。

・導入では「価値への方向づけ」を行う，という思い込みを捨てる。
・教材によって，導入を使い分ける。「資料（教材）への導入」を行い，子供の学習意欲を喚起する。

２章　退屈さとは無縁の授業になる指導技術

Chapter2
03
「気持ちを問う発問」の功罪

　これまでの道徳授業では，登場人物の気持ちを直接問う発問が多くなされてきました。すなわち，
　「このとき（登場人物）は，どんな気持ちでしょうか」
という発問です。
　なぜ，これほど登場人物の気持ちを問うのでしょうか。

今も根強く残る「心情理解のみに偏った指導」

　道徳科のスタートにあたって，これまでの道徳の時間の課題例として，「読み物の登場人物の心情理解のみに偏った形式的な指導」が指摘されています（平成27年4月21日 中央教育審議会資料）。
　「心情理解のみに偏った形式的な指導」とは，気持ちを直接問う発問で大半を引っ張るような授業のことです。公開研究会の授業では，この傾向が顕著に表れていました。学習指導案を読むと，本時の主発問のほとんどが，「どんな気持ちでしょうか」となっていました。「気持ち・気持ち・気持ち……」で，気持ち悪いほど気持ちを直接問う発問が並んでいたのです。そして，今もこの傾向は根強く残っています。
　「このとき（登場人物）は，どんな気持ちでしょうか」
と発問すると，「うれしかった」「悲しかった」「悔しかった」というような気持ちを端的に表す言葉が子供たちからすぐに返ってきます。けれども，その先が続きません。重い雰囲気の沈黙の時間が流れます。
　そもそも，気持ちを表す言葉自体が少ないのです。前述の3つの他には，「楽しい」「寂しい」などでしょうか。さらに言えば，本当に心が動いたとき

の気持ちは、言葉にならないのです。道徳では、言葉にならない気持ちこそ大切にすべきです。

シミュレーション的な学習の効果

　中教審からもはっきり批判され、現場の教師も授業の進め方に悩んでいるのに、どうして登場人物の心情に焦点を当てた授業が行われているのでしょうか。何かよい点（功）があるはずです。

　その理由を知るために、学校生活における生徒指導の場面で考えてみます。

　私たちは、日常の子どもたちへの指導の中で、

「相手の気持ち、友達の気持ちを考えなさい」

と話して諭すことがあります。

　道徳の授業で登場人物の心情を考えさせることは、そのシミュレーション的な学習効果が期待できます。つまり、道徳授業で登場人物の心情を考える学習をすることで、実際の生活においても自分ではない誰か（友達）の気持ちを察することができるようになるのです。

　その意味において、登場人物の心情を考えさせるのは大切な学習であると言えます。ただし、気持ちを直接問う発問をしても、多くの場合、主体的な学びにはなりません。登場人物の心情を考えるのが悪いのではありません。気持ちを直接問う発問が"罪"なのです。

・登場人物の心情理解を重視した授業では、実際の生活で相手の気持ちを察することができるようになるという効果が期待できる。
・心情理解は大事。しかし、気持ちを直接問う発問は、授業を停滞させる。

2章　退屈さとは無縁の授業になる指導技術　35

Chapter2
04
「行為を問う発問」へシフトせよ

　心情理解は大事。でも，気持ちを直接問う発問をすると，授業が停滞してしまいます。ということは，「気持ちを直接問わずに気持ちを考えさせる発問」が必要なのです。
　その一つが，行為を問う発問です。心情と行為は表裏一体です。行為を問うことは，心情を考えることにつながります。

行為に注目

　気持ちを直接問わないで登場人物の心情を考えさせる発問の一つに，行為の理由を聞く発問があります。これは，登場人物の行動が最後まで示されている資料で使えます。例えば，本章２項で取り上げた「手品師」の一場面です。手品師は，大劇場に行くことをやめて，街角で男の子に手品を披露します。ここで，
A　男の子の前で手品をしている手品師は，どんな気持ちでしょうか。
と問えば，
「男の子が喜んでくれてよかった。約束を守ってよかった」
という返答があるでしょう。この問い（発問A）でも，子供たちは手品師の気持ちを想像して，ある程度の発言をすることはできます。一方，
B　手品師は，どうして男の子との約束を選んだのでしょうか。
と問えば，そのとき（手品をしているとき）の気持ちはもちろん，男の子の笑顔を見たかったこと，約束を守ることを大事にしたかったことなど，子供たちは多面的に手品師の心情を考えるようになります。
　その行為に至った理由を問うことは，すなわち人物の心情を想像すること

につながっていくのです。

※「手品師」はフィクションです。こういう話なのです。ですから手品師の行為を否定しない前提で授業を展開します。

取りうる行為を問う

生活文教材では、主人公が悩んだり困ったりしている場面までが描かれ、結論の部分は示されていないものがあります。

例えば、公園で野球をして遊んでいて、誤って隣の家の窓ガラスを割ってしまったという資料です。割ってしまった後の行動については示されていません。ここで、

「ガラスを割ってしまった（主人公）は、どんな気持ちでしょうか」
と聞かれても、「困った」「どうしよう」「正直に謝りに行こうかな……」という他に答えようがありません。ですから、この場合（最後の行動が示されていない場合）は、登場人物の取りうる行為を問います。

「この後、（主人公）ができる行動には、どんなものがありますか」
この問いに対して、子供たちからは「正直に謝る」「家の人に話して一緒に謝りに行く」「みんなですぐに謝りに行く」「怖くなって逃げる」等、いくつかの選択肢が出されます。それぞれの行為には、そうするための理由があります。その理由が、すなわち登場人物の心情を表しているのです。

- 心情理解をさせたい場面では、気持ちを直接聞かずに気持ちを考えさせる発問をすべし。
- 行為の理由を考えると、登場人物の心情理解へ行き着く。

Chapter2 05
これは一級品！ 俯瞰的発問

　多くの発問は，登場人物の心情や行動に注目してつくられています。しかし，登場人物が今の状況（心情や行動）に至ったのには，人物を取り巻く環境や周囲の人との関係性が大きく影響しています。ですから，多面的・多角的に考えるためには，資料のストーリー全体に視野を広げる必要があります。
　俯瞰的発問なら，この課題を一気に解消できます。

俯瞰的発問とは

　俯瞰と同じ意味をもつ言葉に，「鳥瞰」があります。鳥瞰とは，空を飛ぶ鳥が地上を見下ろすように，高所から広い範囲を見渡すことです。パノラマ（panorama＝全景）と言ったほうが，イメージがわくでしょうか。
　ですから，俯瞰的発問は，
　　【　ストーリー全体を見て，多面的・多角的に考えるための発問　】
という意味になります（なお，俯瞰は常用漢字ではありません）。
　具体的には，次のような発問になります。
○このお話で，笑顔になった人は誰ですか。
○この出来事で，心が温かくなった人は誰ですか。
●このお話で，悲しい気持ちになった人は誰ですか。
●今回の出来事で，つらい思い・苦しい思いをした人は誰ですか。
　最初の○2つは，みんなが笑顔で終わるハッピーエンドの資料で使えます。後の●2つは，最後に困ってしまった話やいじめや万引き，交通事故など法的に違反したり命に関わったりする資料で用いることができます。
　この発問を最初に行ったのは，桃﨑剛寿氏（熊本県公立中学校長／教育研

究団体「道徳のチカラ」のGM)です。桃﨑氏は，教育セミナーで登壇した「道徳授業づくり講座」の中で，

「このお話で幸せになった人は誰ですか」

という発問を提案しました。この発問によって生徒は情報を整理し，全体像をつかみながら人物の心情や行動について考えることができます。

中学生でも小学生でも，幸せな話でも悲しい話でも，幅広く活用できる優れた発問（一級品！）です。これを俯瞰的発問と命名します。

教科書教材で使える

例えば，小学校低学年教材の「かぼちゃのつる」では，
●困ってしまった人，悲しくなってしまった人は誰ですか。
と問います。最後に困って悲しくなってしまったのは，かぼちゃです。でも，その過程で，みつばちもちょうちょうもすいかもいぬもみんな困っています。

また，小学校高学年教材の「手品師」では，
●心が温かくなった人，幸せな気持ちになった人は，誰ですか。
と問います。子供たちから真っ先に発表があるのは，少年と手品師です。でも，さらに視野を広げて考えると，その場面に出くわした町の人や後でこの話を聞いた人もほっこりした気持ちになったはずです。

俯瞰的発問は，教科書教材でも幅広い活用が可能です。

- 多面的・多角的な思考を促すためには，資料の全体像の把握が必要。俯瞰的発問で，柔軟に広い視野から考えることができるようにする。
- 教材によって多様なアレンジが可能。俯瞰的発問は一級品である。

Chapter2
06
ハッピーエンドの資料で俯瞰的発問を

　いい話に出合うと，心がほっこりします。俯瞰的発問で，この話では他にもたくさんの人たちが笑顔になっていることに気づきます。心がますますほっこりします。
　「授業で使ってみたい」と感じる資料に出合ったとき，俯瞰的発問を組み入れて授業を構想してみましょう。

実話で道徳教材をつくる

　「傘でつないだ優しい心」という授業があります（佐藤幸司編著『とっておきの道徳授業20』2023年，日本標準）。実話（千葉県の大学生からの新聞投書）を教材化した授業です。
　概ね，次のような内容です。

> 　大雨の日，祖母は同じバス停で下車した男性（足が不自由な様子）に自分の傘を貸した。すると，その様子を見ていた男子中学生が祖母に自分の傘を貸してくれた。そして，傘は後で近くの交番に届けてくれるよう話して走り去った。その後，警察から傘が無事に少年に返却されたという連絡があった。
> 　優しさが連鎖した出来事を祖母から聞き，私の心も温かくなった。

　授業で使ってみたい資料はあるのだけれども，それをどのように教材化するのかが難しい……，という質問を受けることがあります。授業づくりの方法は一つではありませんが，この新聞投書のように伝えただけで心が温かく

なるような話の場合は、俯瞰的発問との組み合わせが効果的です。

「落としどころ」を決める

　授業を構想する際には、授業の全体像をイメージします。特に大事なのは、授業の落としどころです。「この資料を使って、最後にはこうもっていく」というイメージです。

　資料「傘でつないだ優しい心」を使った授業の落としどころでは、

　「このお話で、心が温かくなった人は誰ですか」

という俯瞰的発問をします。すると、子供たちからは、最初に「私・祖母・傘を貸してもらった男性」が出されます。続けて「中学生・お巡りさん・バスの運転手さんや乗客」という発表があり、さらに話には登場していない「男性の家族」なども考えられます。発言が出尽くしたら、

　「こんなにたくさんの人の心が温かくなったのは、なぜでしょう」

と問います。

　時系列としては逆になりますが、最初に「落としどころ」を決めます。そして、そこに行き着くまでの教材提示や発問を後付けで考えます。

　例えば、導入では傘の実物やイラストを提示する、登場人物を確認するために「誰の優しさがつながったのですか」と問う……など、細部を決めて全体の流れを決定していきます。

- 子供たちに伝えたい「いい話」に出合ったときがチャンス。オリジナル授業づくりに一歩踏み出そう。
- 授業の全体像をイメージし、落としどころで俯瞰的発問を活用する。

Chapter2

07
悲しい結末の資料でも生徒指導でも使える俯瞰的発問

　悲しい結末を迎えたのには，そうなってしまった理由があります。それは，本人の判断や行動によるところが大きいですが，周りの人との関係も影響しています。また，悲しい思いをしたのも本人だけではないはずです。

　俯瞰的発問は，冷静に状況を判断して考える場面でも有効です。また，学校生活において，生徒指導で子供たちに教え諭す場面でも使えます。

事の重大さ

　道徳が教科化された背景には，「いじめ問題」の解決への期待があります。

※後述の３章13項　参照

　いじめには，①被害者と②加害者がいます。この両者だけではなく，他には③おもしろがって見ていた観衆と④見て見ないふりをしていた傍観者がいます。これが，「いじめの四層構造」です。

　一番つらい思いをしたのは，被害者です。「いじめ問題」がテーマの授業で，

　「いじめを受けた人（被害者）は，どんな気持ちでしょうか」

と問うのでは表面的過ぎます。

　教材に示されているいじめの全体像を確認したら，

　「この話で，悲しい思い・つらい思いをしたのは，誰ですか」

と俯瞰的に問います。

　真っ先に出されるのは，「被害者・その家族」です。続けて，「被害者の友達」などの発表があるでしょう。さらに考えていくと，「傍観者」の中にも，何とかいじめを止めたいと思いながらそれができずにつらい思いをしている

級友もいるかもしれません。また，友達にひどいことをしている「加害者や観衆」の家族も「うちの子が，なぜこんなことをしてしまったのか……」と悩み苦しんでいることでしょう。

　このように，俯瞰的発問によって，「いじめ問題」でどれだけの人がつらく悲しい思いをして苦しんでいるのか，事の重大さに気づかせることができます。

生徒指導の場面で

　長期休業の前日には，子供たちに「休み中の暮らし」について指導します。「事故のない安全で楽しい休みにしましょう」という内容です。

　交通事故のように，怪我をしたり場合によっては命を失ったりする事故があります。もう一つ，心の事故として万引きがあります。事故の種類について話した後，子供たちに，

「交通事故で，悲しむ人は誰ですか」

「万引きをして，悲しむ人は誰ですか」

と問いかけます。

　交通事故では，本人や家族の他，運転をしていた人（加害者）とその家族も悲しむことを考えさせます。万引きでは，店の人も悲しい思いをします。さらに，自分の心も悲しんでいることに気づかせます。

　俯瞰的発問は，生徒指導の場面でも効果的に使うことができます。

- 悲しい結末を迎えたのは，当時者だけの問題ではない。これほどまでに多くの人の心を傷つけている事の重大さに気づかせる。
- 俯瞰的発問で，客観的な視野で物事を正しく判断できる力を育てる。

2章　退屈さとは無縁の授業になる指導技術　43

Chapter2
08
「自己を見つめる場面」をどうするか

　かつて「基本型」と呼ばれた指導過程では，展開場面には，前段と後段があり，前段では主に登場人物の心情を考え，後段では教材から離れて自分のことを振り返るとされていました。
　「展開後段」は，「自己を見つめる場面」と言われます。ここが，道徳授業を進めるときの悩みになっている方が多いようです。

よくある光景

　「道徳の本をしまいましょう」
　教師のこの指示で，子供たちは，教科書を一斉に机の中にしまいました。全員が本をしまったことを確認してから，先生は次のように問いました。
　「では，ここからは自分のことを振り返りましょう。みなさんは，これまで同じようなことはありませんでしたか」
　これは，「展開の後段＝自己を見つめる場面」でよく見られる光景です。資料の内容から離れて，自分自身のこれまでの行動について考えさせます。だから，資料は不要……という考え方です。
　自己を見つめるとは，要するに，その日の学びを自分のこととして考えることを意味します。これは，大切な学習活動ですが，この場面での発問が「今までに，○○したことはありますか」というワンパターンになってしまったら，授業は形骸化してしまいます。また，多くの教師は「この発問をした途端に，授業が急激に停滞してしまった……」という経験があるはずです。

教材から離れない

　これまでの自分の生活を振り返りなさい（見つめなさい）と言われると，思考はどうしても自己反省に向かいます。また，お話（創作）を教材にした授業の場合，創作の世界から強引に現実の世界に引き戻されるため，そこに大きなギャップが生じます。これが，授業が停滞する一因です。

　そこで，「自己を見つめる場面」では，無理に教材から離れてこれまでの自分を振り返らせるのは，やめにします。それよりも，教材と自分を「経験を語ること」で結びつけることを重視します。

　例えば，「お手伝い」を題材とした教材で，子供たちに，
「仕事（お手伝い）を頼まれるのは，大変じゃないのかな？」
と聞いてみます。すると，子供たちからは，先生や家の人から何かを頼まれたときの経験が出されます。そして，「ほめられてうれしかった」「家の人の役に立てた」「お手伝いをするのは楽しい」といった発表があります。発言が出尽くしたら，また教材の内容に戻ります。

　この流れが自然なのです。子供たちは，教材をもとにした話し合いの中で，自分の経験を語ります。そして，また教材へと戻ります。それを繰り返して，教材中の人物に共感したり，批判的なものの見方を学んだりしていきます。

　「展開後段」で，無理に教材から離れなくてもいいのです。子供たちは，自分の経験を語ることによって，自分と教材とを結びつけて考えることができるようになります。それが，自分事として考えるということです。

- 教材から離れて「自己を見つめる」ことを強いると，思考は自己反省に向かう。別名「懺悔の道徳」と揶揄されるゆえんである。
- 教材から離れるのではなく，自分と教材を結びつけて考えることが大事。

Chapter2
09
終末は説話よりも余韻を大事にする

　「終わりよければすべてよし」という諺があるように，授業の終わり（終末）がうまくいけば，その授業は，一応はまとまった感じになります。
　終末は，授業者の体験談（教師の説話）で終えることが多いようです。確かに，子供たちは興味をもって話を聞いてくれました。でも，これが毎時間となると，マンネリ化してしまいます。

説話のよさと嘘っぽさ

　終末では，教師の説話で授業を終えるという手法が多く取り入れられてきました。子供たちは，担任の先生の小学校や中学校時代の話を聞くのが大好きです。その頃の先生の姿を今の自分たちと照らし合わせて，親しみを覚えるのでしょう。教師の説話では，その時間の内容項目に合わせて，担任の先生が自分の思い出や体験談などを話します。ですから，終末での教師の説話は，子供たちが興味をもって話に聞き入り，その時間に学んだ内容を確認するという意味において，有効な方法です。
　けれども，毎時間この手法で授業を閉じるとしたら，授業者は，35の説話を内容項目別に準備しなければなりません。いくら人生経験が豊富な教師であっても，それは，かなり厳しいはずです。無理に話をつくれば，その嘘っぽさを子供も見抜きます。終末の在り方も，一辺倒ではいけません。本当に伝えたい思い出があるときだけ，道徳の時間の最後（終末）に，心を込めて子供たちに話をしてください。

余韻が残ればそれでいい

　大事にしたいのは，授業の最後に余韻を残すことです。絵本の読み聞かせや歌で授業を終えるのもよい方法です。身近であった心温まる出来事を伝えて授業を閉じれば，教室が何ともいい雰囲気になります。目にははっきりと見えないのだけれども，教室内に残るとてもいい雰囲気──。それが，余韻です。授業の余韻が，翌週の道徳の時間まで続いていたとしたら，それは，子供たちの心の中に道徳が１週間生き続けたことになります。

　とかく教師は，あれこれ感想を聞きたがります。授業の最後に，「意図的指名」と称して，数名の子を指名して感想を発表させたとします。すると，授業は，何となくまとまった感じになります。けれども，それは，教師の都合でやっていることです。せっかくの余韻を台無しにするのは，言わなくてもいい，聞かなくてもいい余計な言葉なのです。

　道徳が「特別の教科」になり，学習の状況や成長の様子を評価して通知表や指導要録に記載することになりました。評価（所見）文を書くためには，何か学習の記録が必要です。評価をするために，「今日の道徳で学んだこと」と称して，学習のまとめをノートに書かせている授業もあるようです。書く活動を否定するわけではありません。例えば，時事的な課題を扱った授業であれば，最後に自分の考えをノートにまとめるという活動も効果的です。しかし，評価のために書かせているとしたら，それは本末転倒です。

　授業によって，多様なエンディングを工夫してみましょう。

・子供たちに伝えたい"とっておきの説話"は，ここぞという授業のために"とっておく"。
・終末で大切にすべきは，余韻である。道徳授業の心地よさを味わいたい。

Chapter2
10
幸せな結末へ

　意見交流が活発になされる学級では，子供たちからたくさんの意見が出されて，教師が混乱してしまうこともあるようです。
　道徳授業では，答えは一つではありません。でも，授業には目標（ねらい）があります。子供たちからの多様な意見を受け止めて，そこから目標に向かって進んでいかなければなりません。そのためのポイントは「幸せな結末」です。

子供たちに委ねてみる

　教師が困ってしまうほど子供たちの発言が多いのは，それだけ学級集団として育ってきたということです。これは，大変贅沢な悩みかもしれません。
　集団としての成長が感じられる子供たちであれば，子供たちの発言（その量や内容）に教師がたじたじとなってしまう場面があったとしたら，
　「みんなからすごい考えがたくさん出されるので，先生もみんなと一緒に考えたいと思います」
と話し，教師が無理に引っ張ることはせずに，子供たちの話し合いに委ねてみるのも一つの方法です。それで，もし，授業の目標から外れたとしても，それ以上に学級づくりにおいては，大きな成果があります。

幸せな結末へ導く

　子供の発言を否定せずに素直な反応を大切に扱っていくと，道徳的価値から離れてしまう意見が出されることがあります。

例えば，クラス対抗リレーを題材にした授業です（概略は下記）。

> クラス対抗リレーの前日，K君は風邪で欠席した。K君は走るのが得意ではない。明日は，全員参加のクラス対抗リレー。優勝したいS君は，「K君は体調がよくないから，明日登校してもリレーは選手から外そう」という提案をする。クラスの大半が賛成する中，「私」はK君のことを思い，「全員で走るべき」と考えるが，言い出せないでいる。

授業の目標からすると，ここは「クラスみんなで走るべき」という結論にたどり着きたいところです。けれども，「リレーで優勝したい気持ちもわかる」「前日に欠席しているのだから，それも仕方ないのでは？」というような意見も子供たちから出されたとします。ここで教師が，「そういう考えもあるね」とだけ受け止めたのでは，その授業が迷走してしまいます。

こんなときは，幸せな結末を考えます。多様な意見を受け止めた上で，

「もし，K君がリレー選手から外されてクラスが優勝したら，みんなはうれしいのだろうか」

「K君が一緒に走って優勝できなくてもみんなで全力を尽くすクラスと，K君を選手から外して優勝を狙うクラス，どっちが幸せなクラスになるだろうか」

と問いかけます。幸せな結末へと続く道を考えることで，道徳的価値を明確に理解できるようになります。

・教師が迷ってしまうほど多様な意見が出たときには，子供に委ねてみる。
・教師が引っ張るのではなく，子供たちの話し合いを通じて価値理解へと進む。そのためには，幸せな結末へと続く判断や行動を考える。

2章　退屈さとは無縁の授業になる指導技術　49

—————— Column 2 ——————

メタ・価値への導入

　2023年12月に埼玉県大宮市で開催した「道徳のチカラ年末セミナー」の模擬授業に登壇した飯村友和氏（千葉県公立小学校教諭）は，内容項目C「規則の尊重」を扱った授業の導入で

　「みなさんの周りには，どんなきまりがありますか」

と問いかけました。本章１項でその「罪」について述べた「価値への導入」です。授業で使用したのは，南米のとある街での話（事実をもとにした自作資料）です。次のような話です。

　この街では，車の排気ガスがひどく，空気が汚れていた。このままでは，環境にもよくない。議会で，車の排気ガスを減らすために，ナンバープレートの奇数・偶数で街に入ってくる車を日ごとに制限する規則（条例）をつくった。

　結果，街の排気ガスは，減るどころか逆に増えてしまった。

　人々は，車を２台もつようになり，それぞれのナンバーを奇数と偶数にして毎日でも街に車で入れるようにしたためである。

　何が問題だったのでしょうか。人々は，ナンバーによって制限される車の乗り入れ規則を守っています。規則を尊重しているわけです。けれども，肝心なことに気づいていません。

　メタ認知という言葉があります。メタ（meta-）とは，「高次な—」という意味です。ですから，メタ認知とは，自己の認知の在り方に対して，それをさらに認知することになります。街の人々には，「なぜ，この規則があるのか」という規則の本質への理解，つまりメタ認知が欠けていたのです。

　この授業のように，取り扱う内容項目の本質へとつなげる導入が，メタ・価値への導入です。メタ・価値への導入は，単なる「価値への方向づけ」を越えて，より深い学びへと子供たちを導くことができます。

3章

つまらない教材を価値ある教材にする教科書活用術

Chapter3
01
資料（教材）が悪いのではない

　道徳科教科書を読むと，「これはちょっとイマイチだな……」と感じてしまう教材も確かにあります。
　けれども，活用の仕方によっては，「イマイチな教材」から「良い教材」へと磨き上げることができるはずです。授業がつまらなくなる原因は，教師側の意識にも一因があるのです。

資料（教材）のせいにしない

　私の手元に『現代教育科学』No.390（1989年5月号，明治図書）があります。特集は，
　【　どうする？「道徳」の授業②資料を斬る　】
です。
　35年前の教育月刊誌です。この中で，宇佐美寛氏は，道徳資料「くもの糸」（芥川龍之介『蜘蛛の糸』）を例に挙げ，次のように述べています。

> 資料自体が悪いのではない。
> 徳目を念頭において資料を読ませる指導が悪いのである。（P.9）

　教科書には，各社の編集会議で検討され，教科書検定の審査で合格した教材が掲載されています。もちろん，「定番」と呼ばれ人気のある教材もある一方で，そうではない教材（イマイチな教材）もあります。しかし，一定レベルに達していない教材は，教科書編集の段階で修正または差し替えられて

いるはずです。

　ですから，教科書教材自体に明確な「良い」「イマイチ」があるのではありません。教材は，一つの媒体に過ぎません。教師と子供たちは，教室という同じ空間で，教材という同じ媒体を使って，道徳という同じ時間を共に過ごします。教科書教材という媒体をどのように効果的に使うかは，教師の腕にかかっているのです。

授業者の凝り固まった考えが，教材をイマイチにする

　授業の骨格は，発問と指示です。これは，主体的で対話的な学びを目指す授業であっても変わらぬ原理です。

　発問を考えるときに，

「この教材は，内容項目『〇〇〇〇』を教えることになっている。さて，どんな発問をしようか―」

という思考になっていませんか。このような先入観をもって教材研究をすると，授業は一つの徳目に縛られ，お説教くさいものになってしまいます。

　教材がイマイチなのではありません。「道徳は，こうしなければならない」と思い込んでいる教師の凝り固まった考えが，結果的に教材をイマイチにしてしまうのです。まずは，柔軟な発想で教材研究を始めてみましょう。

- 教科書教材は一つの媒体。「良い」も「イマイチ」も，使い方次第。
- どんな学びのためにその教材を用いるのか。内容項目（徳目）に縛られずに柔軟な発想で教材研究を進める。

Chapter3
02 「基本型」と呼ばれる指導過程　その意図

　道徳授業は，昭和33年に特設されました。「道徳の時間」としては平成29年で58歳となり，翌30年度（中学校は31年度）からは，「特別の教科　道徳」として再スタートしました。
　この間，広く行われてきたのは，「基本型」と呼ばれる指導過程に基づいた授業です。「基本型」には，どんな意図があったのでしょうか。

オーソドックスな指導の流れ

　道徳授業の形骸化を招いた原因の一つとして批判されることの多い「基本型」ですが，教科書会社が発行している「教師用指導書」に掲載されている指導過程のほとんどは，「基本型」に基づいた流れになっています。「教師用指導書」は若手からベテランまで幅広い層の教師を対象に作成されているため，オーソドックスな展開例が載っているのです。
　「基本型」が長年にわたって広められてきたということは，そこに何らかの意図があったはずです。「型」に縛られてはいけませんが，そのもともとの意図は理解しておくべきです。
　ここまでお読みいただいた読者諸兄姉はお気づきのことと思いますが，2章では，「基本型」を構成する導入，展開（前段と後段），終末の各段階それぞれの指導技術について述べました。ここで，改めて「基本型」について整理します。それぞれの段階については，大まかに次のように理解しておくとよいでしょう。

「基本型」の構造

(1) 導入
　授業で扱う内容項目に直結する問いを出す「価値への方向づけ」が広く行われている。学習の「めあて」を子供たちにつかませる。各教科では，「課題をつかむ場面」に該当する。

(2) 展開１（前段）
　資料（読み物）をもとに話し合う活動。登場人物の気持ちを問う発問が多くなされる。資料中の人物の気持ちを考えることは，実際の生活場面で相手の気持ちを察するためのシミュレーション学習の効果が期待できる。

(3) 展開２（後段）
　資料（読み物）から離れて，自分自身を振り返る。「自己を見つめる」「道徳的価値の内面的自覚」の場面と呼ばれる。いくら立派な生き方を学んでも，「自分にはできない，無理だ」となってしまっては，意味がない。自分事として考えられるようする。

(4) 終末
　最後に学習のまとめをして，道徳的な価値をしっかりと心に留める。その時間の目標に関わる教師の説話で締めくくられることが多い。

　「基本型」には，道徳授業の一つの型を示すことにより，とかく「やり方がよくわからない」と言われることの多かった道徳授業を活性化させていきたいという願いが込められていたのです。

- 「基本」という名がつく指導展開例。道徳授業づくりを進める上で，覚えておいて損はない。
- 基本の上に，自分らしい授業実践を積み上げていく。

Chapter3
03
「教科書＋教師用指導書のセット」を自分流にアレンジ

　道徳の教科化論議は，簡単にいえば「道徳をしっかりやってもらおう」という趣旨で始まりました。教育課程に明確に位置付けられているのにもかかわらず，道徳は他の教科や活動に振り替えられるという現状がありました。
　けれども，やればよいというわけでは，ありません。大切なのは，その中身です。

道徳教科化の目的

　教育月刊誌で，文部科学省教科調査官（当時）として道徳の教科化に直接関わっている赤堀博行氏と対談する機会がありました。私が学校現場を代表して，赤堀氏にいくつか質問をする企画です。
　教科化の目的について，赤堀氏は次のように述べました。

> 　教科化の目的は２点です。
> 　①義務教育として一定の水準の授業を行う。
> 　②指導した結果をしっかり残していく。
> 　教科化はあくまで手段であって，学校によって与えられる教育の機会に不平等がないようにするのが目的です。
> 赤堀博行監修・著　佐藤幸司ほか著『子どもを幸せにする「道徳科」』(2017年小学館)

　公教育の大原則は，教育の機会均等です。その大原則が，道徳の学習においては守られてこなかったことが問題なのです。
　この目的を達成するために，道徳科の教科書が無償給与されました。それ

に伴い，教科書会社から「教師用指導書」が発行されています。

「やればいい道徳」から脱する

　教科書教材をページの順番通りに使い，「教師用指導書」に示されている展開例にそって授業を行えば，とりあえずは毎週の道徳授業は実施できます。必要な授業時数35（小学校１年は34）時間は確保できます。つまり「量的確保」は達成できるわけです。でも，これでは「やればいい道徳」になってしまいます。

　「やればいい道徳」は，教科書教材と「教師用指導書」がセットになっています。このセットでも，ある程度の質が保たれた授業を行うことは可能です。しかしながら，毎時間「基本型」による授業が実施されれば，授業は形骸化します。教科書の内容（記述）は変えられません。ということは，授業展開に一工夫加える必要があります。

　前項で述べたとおり，「基本型」は，①導入，②展開Ⅰ（前段），③展開２（後段），④終末という構成になっています。このどれか一つでもいいので，自分流にアレンジしてみましょう。４段階構成を変える，発問を変える，教材の与え方を変える……等，アレンジの仕方は様々考えられます。「基本型」のもともとの意義を理解し，その先へと進んでいきましょう。

・まずは，やってみること。道徳授業の「量的確保」が第一歩。
・教科書教材を「良い教材」にするためには，授業展開に自分らしい一工夫を加える。「やればいい道徳」から脱せよ。

Chapter3
04
「偉人やアスリートの教材」はこの発問でブラッシュアップ

　歴史上の偉人やスポーツの第一線で活躍しているアスリートの話を読むと，子供たちから「すごい！」という感想が返ってきます。
　もちろん，その業績や努力は「すごい！」のですが，「ちょっと自分には無理……」と思ってしまうことがあります。そんなとき，この発問で教材に磨きをかけてください。

「すごい人」の生き方に学んでほしい

　教科書には，偉人の伝記の他，スポーツ選手や芸術家，研究者など各分野の第一線で活躍している人の話も掲載されるようになりました。最近では，大谷翔平選手が道徳の教材として取り上げられることが多いようです。
　教科書に登場する人物に共通するのは，とにかく「すごい！」ということです。その生き方に憧れ，自分の目標に向かって努力しよう……という意欲を高めることができればよいのですが，その人物があまりにすご過ぎて，これからの自分の生き方につなげていこうという思いまでには至らない場合があります。「夢は叶う」「努力は報われる」と言われても，子供たちは心底この言葉に納得することはできないでしょう。
　でも，やはり子供たちには，「すごい人」の生き方に学んでほしいものです。自分の可能性を信じて，目標に向かって努力を続けてほしいと思います。そこで，「これなら自分にもできそうだ」という自分に合っためあてをもって「すごい人」の話に向き合ってみましょう。

これなら自分にもできそうだ

　米プロバスケットボール協会（NBA）で活躍する八村塁選手の授業があります（佐藤幸司監修「ニュース de 道徳」2019.10.30　読売新聞）。八村選手はNBAのドラフトで日本人初の第1巡指名を受け，ウィザーズでの開幕戦で活躍しました。ここに至るまでの八村選手の道のりを資料にしました。

　八村選手は，中学生のときにバスケ部の坂本コーチから「君は，NBA選手になるんだ」と言われ，自分の可能性を信じて練習を続けました。中学時代には，チームメートにも恵まれ，厳しい練習にも仲間と一緒に楽しく取り組むことができました。大学では，英語を猛勉強し，アメリカでの出場機会を増やしました。授業では，
　「八村選手がNBAに進むことができたのは，なぜでしょうか」
と問います。理由を整理すると，次の3つにまとまります。
　①自分を信じた（心の支えとなったコーチの言葉）
　②友達と一緒にがんばった（共に支え合った仲間）
　③努力を続けた（渡米の目標のために英語を猛勉強）
　ここで，教材に磨きをかけるとっておきの発問をします。
　「この中で，これなら自分にもできそうだと思うものはどれですか」
　全部は無理かもしれません。努力を続けても，みんなが八村選手のようになれるわけではありません。でも，これならできそうだと思う八村選手の努力の一端を自分自身の目標にしていきます。

- 「すごい人」の生き方の中に，自分にもできそうなことが必ずある。
- 成功の要因を整理する。そして，その中からこれからの自分の生き方につなげていこうとする意欲をもたせる。

Chapter3
05
「悪い子・ダメな子」が登場する教材で長所さがし

　失敗談が描かれている道徳教材があります。そこに登場する人物は、「悪い子・ダメな子」という設定です。けれども、その人物だって、24時間365日悪さをして失敗ばかりしているわけではありません。

　人には、長所と短所があります。失敗をしてしまった人物だからこそ、その人物のよさにも目を向けてみましょう。新鮮な気づきがあるはずです。

「ろばを売りに行く親子」の場合

　この教材の原作は、イソップ童話です。

> 　ろばを市場に売りに行く親子が、町の人からろばに乗ることについてそれぞれ違うことを言われ、そのとおりに行動する。最初、子がろばに乗り、次に親が乗り、その二人で乗り、ろばがかわいそうだと言われて二人でろばをかつぐ。最後には、橋の上でバランスを崩し、ろばを川に落としてしまう。

　人の注意をよく考えずにすぐそのまま受け入れ行動してしまう「節度、節制」に欠けるダメな親子、という設定です。
　私は、この教材を使って初任の年に研究授業を行いました（今も手書きの指導案と授業記録が残っています）。初任者研修を兼ねた校内の授業研究だったと記憶しています。その授業での主発問は、
　「あなたは、この親子が好きですか、嫌いですか」
というものでした。

憎めない愛すべき親子

　私は，この親子があわれに思えてならなかったのです。お人よしですが，憎めない愛すべき親子です。町の人から言われるままに，子がろばに乗ったり，親が乗ったり，二人で乗ったり，ろばをかついだりします。

　子供たちの考えは，ほぼ半分に分かれました。

　「好き」と答えた子は，「お父さんも子供も優しくて，仲のよい親子だから」という理由でした。「嫌い」と答えた子からは，「人から言われるとおりにしている」「ろばが川に落ちてしまって，かわいそう」という理由が出されました。

　「好きか嫌いか」の理由を聞くと，親子の長所と短所が見えてきます。結果的には失敗をしてしまったわけなので，授業では「こうならないためにはどうすべきだったのか」を考えなければなりません。けれども，失敗してしまった人物の長所にも目を向けることで，少し優しい気持ちになって人物の心情や行動を考えることができます。

　誰にだって失敗はあります。そして，誰にでもよさはあります。失敗談が描かれた教材では，人物の短所はすぐにわかります。「悪い子・ダメな子」で終えるのではなく，「本当はいい子なんだよね。だから大丈夫だよ」という温かい目線で話し合ってみましょう。

- 失敗談が描かれた教材ではその人物の「悪さ・ダメさ」はすぐにわかる。だからこそ，よさに目を向ける。
- 誰にでも失敗はある。みんなで励まし合って成長していきたい。

Chapter3
06
発問づくりは「矛盾」に注目

　授業を構想するときに，一番悩むのは発問です。「教師用指導書」を読めば，発問例が書かれてあります。でも，それらのほとんどは，登場人物の気持ちを直接問う発問です。
　発問づくりでは，ストーリーの「矛盾」に注目してみましょう。「矛盾」をつく発問は，子供たちの思考を活性化させます。

論じ合うべき教材

　ストーリーの中に矛盾や乱れがあると，私たちは，そこで立ち止まって考えてみたくなります。
　例えば，3月中旬，春の訪れを感じる穏やかな日が続いていたのに，真冬に逆戻りしたような天気になることがあります。そんなとき，「季節外れの寒波が来ているのだろうか，異常気象なのか……」と，あれこれ考えます。
　道徳の教材として使われることの多い童話「泣いた赤鬼」でいえば，青鬼が赤鬼に自分のことを殴らせている場面です。二人は親友なのに，赤鬼は青鬼を殴っています。ここに，矛盾・乱れがあります。すると，「なぜ？」と，その理由を考えてみたくなります。
　つまり，矛盾や乱れがあると，私たちの思考が活性化されるのです。
※「思考に必要なのが，矛盾である。乱れである」→宇佐美寛氏の言葉です。
　道徳の発問づくりでは，まず，その教材（ストーリー）の中の「矛盾」に注目します（ただし，これは，表面上の矛盾です。「矛盾」とかぎかっこで記しているのは，そのためです）。次に，その「矛盾」を突く発問を考えます。「あれ？」「どうして？」と疑問に感じるのは，そこに何らかの矛盾があ

るからです。ですから，その疑問をそのまま問いかければ，一つの発問ができあがります。

「ブラッドレーの請求書」の場合

　道徳の教材は，子供たちの話し合い場面を想定してつくられています。ですから，ほとんどの教材には何らかの「矛盾点」が含まれています。

　小学校中学年の定番教材に「ブラッドレーの請求書」（「お母さんの請求書」という題名で日本の家庭としての教材にもなっています）があります。この話には，2つの「矛盾」が見えます。

　すなわち，
・お母さんが請求書に「0円」と書いたこと
・請求書通りにお金をもらったブラッドレーの目が涙でいっぱいになっていること

です。ここに着目すると，次の問いができます。

---
①お母さんは，なぜ請求書に「0円」と書いたのだろうか。
②ブラッドレーの涙の意味を考えよう。

　多くの場合，その「矛盾」が起きた理由を問うことでメインとなる発問が見えてきます。「矛盾」をつく発問で，教科書教材を使った楽しい授業をつくりましょう。

・まずはストーリーの中の「矛盾」に注目する。
・その「矛盾」についての疑問が生まれる。その疑問をそのまま問いかければ，それが発問になる。

Chapter3
07
授業のユニットをつくる

　授業の1単位時間は，小学校が45分，中学校が50分です。メインとなる発問が決まっても，その場面は15〜20分でしょうか。まだ半分以上の時間があります。

　逆に考えれば，一番大事な発問で構成する授業のユニットはできたわけです。あと15分程度のユニットを2つつくれば，授業全体が完成します。

ユニットを組み立てる

　ユニット（unit）とは，全体を構成する一つ一つの要素（まとまり）のことです。

　例えば，前ページで述べた「お母さんの請求書」を提示して，
①お母さんは，なぜ請求書に「0円」と書いたのだろうか。
という発問をすると，15分程度の話し合いが成立します。これが，45分の授業の中の1つ（15分）のユニットになります。

　同じように，目に涙を浮かべているブラッドレーの絵を提示して，
②ブラッドレーの涙の意味を考えよう（希望通りにお小遣いをもらえたのに，どうして涙を浮かべているのか）。
と問えば，こちらも15分程度の話し合いがなされるでしょう。

　すると，この2つのユニットで授業全体の30分／45分を占めることになります。残りは15分です。この時間で導入や終末段階の学習を行えば，1時間の授業となります。

　「教師用指導書」には，オーソドックスな展開例が載っています。その中にも，いくつかのユニットがあるはずです。「教師用指導書」も参考にしな

がら（鵜呑みにするのではなく），授業を構成するユニットを意識して授業づくりを進めましょう。

家庭へとつなげる

　「ブラッドレーの請求書」の授業では，授業の後半に次のような発問がなされることがあります。
〇家族の一員として今までの自分の行為や気持ちを振り返り，これからどのようにしたいですか。
　「基本型」での展開後段（自己を見つめる段階）でよくある発問です。
　でも，自分がこんなふうに聞かれたらどうですか。
　「せっかくいいお話で勉強したのに，そんなことを聞かないで！」
と言いたくなりませんか（私ならなります）。
　お話の世界から無理やりに現実の世界に引き戻し，反省を迫る，典型的な発問です（悪・発問です）。これは，やめましょう。
　では，どうするか。こんな発問（指示）はどうでしょう。
〇みなさんも，「０円の請求書」を家の人に書いてみましょう。
　手紙様式のワークシート等に書き，その日に持ち帰り，家の人に渡します。そして，実際に書いた内容（お手伝い）を実行します。保護者からも喜ばれる「道徳の宿題」になります。

・授業づくりでは，ユニットを意識する。「教師用指導書」も参考にしながら，魅力的な授業を構想する。
・後半で自己反省を迫ると，せっかくの授業が台無しになる。心すべき。

Chapter3 08
伝えるだけでいい教材もある

　道徳の教科化に際し，「考え，議論する道徳」がキャッチコピー的な役割を果たしました。この言葉の印象が強かったせいか，現場には「道徳授業では，必ず子供同士が議論する場面を設定しなければならない」という思い込みもあるようですが，それは誤解です。
　教科書教材の中にも，伝えるだけで十分な教材があります。

「考え，議論する道徳」への誤解

　『小学校学習指導要領（平成29年告示）解説　特別の教科　道徳編』の第Ⅰ章　総説に，次の文言があります。
　「…，答えが一つではない道徳的な課題を一人一人の児童が自分自身の問題と捉え，向き合う『考える道徳』，『議論する道徳』へと転換を図る…」
　この文言は，平成26年10月に出された中央教育審議会の答申「道徳に係る教育課程の改善等について」が基になっています。
　これからの道徳は，「特定の価値観を押し付けたり，主体性をもたず言われるままに行動するよう指導したりする」のではない，ということを「考える道徳」「議論する道徳」という言葉で表しています。ある意味，道徳の教科化に反対する一般の方々を納得させるための言葉でもあったのです。
　道徳授業において，子供同士の議論も大切です。けれども，授業の中に毎時間議論する場面を設定しなければならないという意味ではありません。「必ず〜せよ」という考えは，それこそ「特定の価値観の押し付け」です。

思いを共有する話し合い

　一読しただけで，ぐっと心に迫ってくる資料（教材）があります。命の誕生やその対極にある命の終焉を扱った話を読むと，その思いを言葉で表すとかえって安っぽく感じてしまうこともあります。
　教科書には，大震災を扱った教材や限りある命を精一杯に生きた子供の話なども掲載されています。伝えるだけで十分な内容です。このような教材文を読んだ後に，
　「このとき，（登場人物）は，どんな気持ちだったでしょうか」
などとは，間違っても聞かないでください。子供たちには，
　「どんなところが，一番心に残りましたか」
と問いかけます。これで十分なのです。
　子供たちからは，様々な場面についての発表があります。教師は発表を聞きながら，場面（または内容）ごとに，それらを板書で整理していきます。発表を終えたら，思いを共有する話し合いを行います。
　「友達の発表で，もっと聞いてみたいことはありませんか」
　「友達の発表を聞いて，『なるほどな』と思ったことはありませんか」
　これが，思いを共有させるための発問です。
　意見が対立する場面を設定して，討論するだけが話し合いではありません。互いの思いを共有することも，討論と同様に——時には，それ以上に——大切な話し合いなのです。

- 心が震えるような話であれば，伝えるだけで十分である。無理に言葉で表そうとすると，安っぽくなる。言葉にならない思いを大切にする。
- 互いの考えを認め，共感し合う。それが思いを共有する話し合いである。

Chapter3
09
教科書を導入用または終末用に使う

　教科書教材の多くは，内容項目を強く意識して作成されているため，読めばその時間に学ぶべき道徳的価値がよく伝わる内容になっています。これは，教科書教材の長所であり，同時に短所でもあります。
　長所は，わかりやすいことです。逆に，わかりやすいがために読めばすぐに学習のゴールが見えてしまうのが，短所にもなります。

教科書を導入で使う

　教科書を導入で使う方法は，はっきりとしたテーマについて話し合う授業に効果的です。例えば，ごみ（環境）問題を扱った授業です。
　授業では，まず，黒板に【　環境問題　】と書き，
「環境問題には，どんなものがありますか」
と問います。私たちは，様々な環境問題に直面していることを確認したら，今日はその中から身近な課題であるごみ問題について考えていくことを伝えます。教師からの明確なテーマ提示による導入です。
　次に，教科書からごみ（環境）問題を取り扱っている教材を選び，読み聞かせます（または，子供たちに黙読させます）。読んだ後は，感想を聞くのもいいでしょう。ただし，この授業では教科書教材を導入として使うので，必要以上にここに時間はかけないようにします。
　ごみ（環境）問題と関係が深い事案の一つに，食品ロスがあります。教科書教材を導入に使った後は，食品ロスに関わる資料を使います。情報端末で検索すれば，食品ロスに関するたくさんの情報が入手できます。教材として使うなら，「農林水産省」のHPがよいでしょう。また，節分の時期には恵

方巻の売れ残り（廃棄）が毎年のように報じられます。その時期にあった旬の話題を教材化すると，学習に向かう子供の意欲が違ってきます。

教科書を終末で使う

　道徳授業に関心の高い教師であれば，自分で教材を開発して授業をしてみたいと思ったことがあるはずです（ぜひ，そう思ってください）。
　2024年３月18日，水泳の池江璃花子選手がパリ五輪の100ｍバタフライの代表に内定したニュースが報じられました。３大会連続で，個人種目では２大会ぶりの出場です。池江選手は16歳だった2016年リオデジャネイロ大会で五輪初出場を果たしましたが，2019年２月に白血病を患いました。闘病を経て競技に復帰し，2021年東京大会はリレー種目に出場しました。
　池江選手は，自身のＸ（旧：Twitter）にこう書き込みました。
　　【　やっと15歳の自分を超えられた。４年かかった。　】
　池江選手の想いが込もったこの投稿に，感動する声が多数寄せられました。例えば，池江選手のニュースを資料にして話し合った後，
　「道徳の教科書にも，大切な話が載っています」
と言って，教科書教材から，内容項目Ａ「努力と強い意志」を扱った教材を読み聞かせます。読んだ後は，教材文の内容について，話し合うことはしません。教科書教材の長所である「わかりやすさ」を生かした授業展開です。

・教科書の使い方は，展開での主教材に限らない。導入や終末での活用を考えると，新たな可能性が見えてくる。
・時事問題や旬の話題と組み合わせて，教科書教材を柔軟に扱う。

Chapter3
10
教科書だけで無理に引っ張らない

　授業の準備で教科書教材を読むと,
　「この話で,どうやって1時間もたせるのだろうか？」
と疑問に感じたことはありませんか。
　おそらく,授業を受ける子供たちも同じ疑問をもつことでしょう。そんなときは,一つの教材で無理に引っ張らずに別の方法を考えましょう。

教科書を教えるのか　教科書で教えるのか

　私がこの言葉（教科書を教えるのか,教科書で教えるのか）を初めて聞いたのは,大学4年生の教育実習のときでした。指導案検討会のときに,教育実習指導担当の教務主任の先生が話された言葉です。もう,40年ほど前のことですが,今も鮮明に記憶に残っています。
　教育実習で授業を行うとなったときに,
「教科書に書いてあることをしっかり教えなければ……」
という思いが先行していました——というより,その思いしかありませんでした——。そんなときに,「教科書をこなすことではなく,教科書を使って何を教えるかが大切なのだ」ということをこの言葉で教えられました。
　道徳が特別の教科になり,教科書が無償給与されるようになった今,道徳の授業づくりでこそ,この言葉の意味を心にとめなければなりません。授業の準備段階では,まず,「この教科書教材で何を教えるのか,どんなことなら教えられるのか」という視点で教材を読んでみましょう。

身近な資料をプラスして実生活へつなげる

　内容項目B「感謝」の授業では，日頃世話になっている身近な人や日々の生活を支えてくれている人々などが題材として取り上げられます。教科書教材では，「人々の善意に気づく」「尊敬と感謝の念をもって接する」「温かなつながりの中に自分の生活がある」という内容等を指導することができます。

　例えば，授業の約半分の時間を教科書教材での指導に使ったとします。後半は，身近な資料を一つ準備します。

　ある授業で，
「あなたの尊敬する人は誰ですか」
と尋ねられたときに，
「お隣のおじさんです」
と答えた小学6年生がいました。

　そのおじさんは，長年，日曜日の朝にごみ袋を持って，町内のごみ拾いをしています。この子は，それが「すごいなあ」と思ったというのです。

　この資料を提示した後に，教科書の教材と比較してみます。教科書の登場人物と「お隣のおじさん」には，共通する何かがあるはずです。その何かを話し合いを通じて子供たちの言葉で言語化してみます。すると，より具体的な価値理解が可能になります。

　教科書教材に身近にある資料を一つ加えて授業を行うと，「自分もやってみたい」という実践意欲を高めることができます。

・その教科書教材で，何を教えるのか（教えられるのか）。この視点に立つと，1時間の授業での教科書の役割が見えてくる。
・教科書教材だけではなく，別の資料も組み合わせて授業を構想する。

3章　つまらない教材を価値ある教材にする教科書活用術

Chapter3
11
実話でさらに考えてみる

　教科書教材からは、「こうすべきだ」という道徳的な行為を学ぶことができます。でも、私たちは、現実の社会を生きています。「正しい」とわかっていてもすぐに行動できないことがあります。逆に「正しくない」ことでもついやってしまうことがあります。
　さらに考えを深めることができる教師の体験談を伝えてみましょう。

電車の中の出来事

　これは、都内の電車での体験談です。
　授業では、
「先生がこの前、仕事で東京に行ったときの話です」
と、子供たちに語りかけます。

> 　電車の中は、けっこう混雑していた。私は、大きなバッグをなるべくじゃまにならないように足元において立っていた。すると、ちょうど前の若い男性が、自分のバッグを席に置いたまま立ち上がって、ドアの方へ歩いていった。

　ここまで話したところで、次のように問いました。
「この人は、どうして自分のバッグを置いたままドアの方へ歩いていったのでしょう」
　子供たちからは、「自分の席を取られるのが嫌だから、そのまま置いていった」という考えが出されました。男性の行為の理由を想像させた後、続き

の話をしました。

> 男性は，ドアのところに立っていたおばあちゃんの肩を「すみません」と，軽くトントンとたたいた。そして，自分のバッグが置いてある席を指差して，「どうぞ」と言ったのである。

「いい話だね」
という声が，子供たちの間から聞こえました。

現実の社会に結びつける

このエピソードを内容項目で考えてみると，「節度，節制」「親切，思いやり」「感謝」「規則の尊重」など複数の項目が関連していることに気づくことでしょう。

空いた座席に自分の荷物を置くのは，わがままな行為です。乗車の際の規則（マナー）にも違反しています。でも，その行為に至ったのは，高齢者への感謝の気持ちと思いやりの心があったからです。

教科書教材でこれらの内容項目について学んだ後（授業の後半）に，このエピソードを子供たちに伝えます。すると，教科書での学びを現実の社会（自分の生活）に結びつけて，より明確な学びへと深化させることができます。

- 私たちは，徳目（内容項目）の世界を生きているのではない。現実の社会のほうが，ずっと広く深い。
- 教師の体験談を伝え，子供たちの学びを外へ，行動へと広げていく。

3章　つまらない教材を価値ある教材にする教科書活用術　73

12 「生命の尊さ」の授業に一休さんの言葉を

　内容項目の中で，「一番大切な項目は何ですか」と問われたら，何を選びますか。もちろん，どれも大切な内容項目ですが，その中で一つと言われれば，内容項目Ｄ「生命の尊さ」を挙げる方が多いのではないでしょうか。明るい心で生活することも，自然のすばらしさや不思議さを感じ取ることも，すべて命あってのことです。

一休禅師（一休さん）の言葉

　一休禅師（一休さん）にこんな逸話があります。

　あるお金持ちの商人が，一休禅師のもとを訪れました。
　「一休様，我が家に孫が生まれました。そのお祝いに，何かめでたい言葉を書いていただけませんか。家宝にいたします」
　こころよく引き受けた一休禅師が書いたのは，この言葉でした。
　「親死ぬ，子死ぬ，孫死ぬ」
　めでたい言葉をお願いした商人は，カンカンに怒って，
　「死ぬとはどういうことですか!?」
と一休禅師を問いただしました。すると一休禅師は，
　「では，あなたは，孫死ぬ，子死ぬ，親死ぬの方がいいのですか」
と聞き返しました。ますます怒って帰ろうとする商人に，一休禅師は，
　「親が死に，子が死に，孫が死ぬ。これほどめでたいことがあろうか。これが逆になったらどうする」
と話したそうです。

　　　　　◇　　　◇　　　◇　　　◇

　子供たちは，小学校3年生になると，現実性をもって死を理解できるようになってきます。命の対極にある死について考えることは，生命の大切さについて考えを深めることにつながっていきます。

生と死の対比

　授業の前半では，教科書教材を使って命について話し合います。話し合いを通じて，子供たちの問題意識を「命の大切さ」に集約していき，黒板に「大切な命」と書きます。そして，
　「命の反対の意味の言葉は，何でしょうか」
と問い，「死」という言葉を引き出し，「命」の文字と対比的に板書し，後半への伏線とします。
　【　　大　切　な　命　⇔　死　　】
　一休禅師が書いた言葉（親死ぬ，…）を提示すると，子供たちの心に「なぜ？」という問いが生まれます。子供から出された問いを発問に変えて，一休禅師の言葉の真意について考えていきます。
　一休禅師の言葉には，「なるほど」と納得させられる教えが含まれています。けれども，家族（祖父母・父母）の死は，とてつもなく悲しいものです。子供たちの家庭環境に十分配慮して，授業を実施してください。

・一休禅師（一休さん）の逸話を伝える。プリントまたは語りでもよい。
・「生」の対義語である「死」を取り上げ，命の尊厳についての理解を深める。小学校3年生以上の学習で有効である。

13 「いじめの四層構造」の図を準備する

　道徳の教科化は，平成25年の教育再生実行会議で，「いじめ問題」について議論されたことがきっかけの一つになっています。
　未だに，いじめを苦にした子供たちの自殺が後を絶ちません。私たち教師は，この現状をしっかりと受け止め，いじめ撲滅のための道徳授業に本気になって取り組んでいかなければなりません。

「いじめ問題」と道徳授業

　各社の教科書には，必ず一つは「いじめ問題」に関係する教材が掲載されています。これは，道徳科の最初の教科書（平成30年度版）作成のときに，各社に「掲載すべき３つの教材」が示されたからです。３つとは，①いじめ問題，②情報モラル，そして③東京オリンピックです。
　東京オリンピックは，コロナ禍のために１年間延期しての実施となりましたが，その後の令和２年度版・６年度版（現行）の教科書には，大谷翔平選手をはじめ，多くのアスリートが取り上げられています。
　道徳の教科化前にも，内容項目「友情，信頼」や「公正，公平，社会正義」を扱った「いじめ問題」に関する資料はありました。教科書には，前述した理由から，これまでの副読本にはなかった新しい教材が掲載されています。もちろん，ストーリーや登場人物は異なりますが，いじめ問題の構造や，その未然防止・解決のために行うべきこと，考えるべき論点などが示されているのは共通しています。

教科書教材を分析

　教科書教材は，基本的には一教材で一つの内容項目を扱っています。ですから，読めばその時間に学ぶべき道徳的価値がよく伝わる内容になっています。これは，教科書教材の長所ととらえることができます。

　長所である「わかりやすさ」を効果的に生かす方法として，教科書教材を使って，授業のテーマを導入（または前半）の段階で児童につかませる展開が考えられます。

　「いじめ問題」を扱った教材では，次の流れの学習活動です。

(1) 教材を読む

　冷静な判断が必要な内容です。教師の範読では，あまり感情は込めずに淡々と読みます。教師用指導書に付属の朗読 CD や DVD があれば，それを活用するのもよいでしょう。

(2) あらすじ・登場人物を確認する

❶どんな話ですか

　全体を短く要約するのは難しい（国語の学習ではない）ので，項目を「いつ・どこで・どうした」というように，シンプルな設定にします。

❷誰が出てきましたか

　挿絵からわかることも含めて，教材に出てきた人物を全員確認します。なお，同じ名前の子が学級にいる場合は，表記の仕方に配慮します。

　教材によっては，「先生」が登場する場合があります。登場人物の一人ではありますが，「子供たち」とは別に位置付けて板書で整理しておきます。

(3) 問題点（いじめ発生）を把握する

　まずは教科書教材を分析し，次にもう一つの教材（四層構造⇒次ページ）へとつなげていきます。

3章　つまらない教材を価値ある教材にする教科書活用術　77

いじめの四層構造

　いじめには，四層構造があります。この図は，学校現場でも広く知られるようになりました。「いじめの四層構造」で画像検索すると，画像データは容易に入手できます。

　授業で用いる場合は，文部科学省や教育委員会，その関係機関のHPから資料を入手します（正確さや公平性における信頼が大事です）。

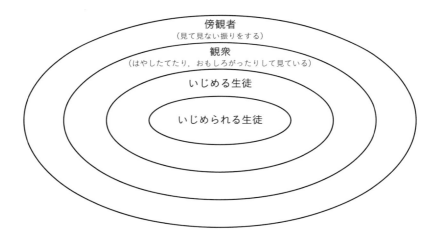

出典：文部科学省HP　「いじめへの対応のヒント」　いじめの構造（いじめの四層構造）森田洋司1986年

　配付用の資料として，この図を入れたワークシートを準備します。図をダウンロードして，Ａ４用紙に挿入（またはコピペ）すればすぐに作成できます。また，黒板提示用としての拡大コピーがあれば，さらにわかりやすく授業を展開することができます。

一角を崩せ！

　ワークシートを配付したら，さきほど確認した登場人物は四層構造のどこに該当するのかを考え，図に書き込みます。

　教材によっては，四層構造のいずれの部分にも入らない人物が登場していることがあります。いじめに加わらずに，いじめをなくそうと行動した（行動しようとしている）子供たちです。また，挿絵に出てくるだけで，その言動はわからない人物もいます。このような四層構造のどこにも入らない人物は枠外に書き，その理由を考えます。

　担任の先生はどうしたのでしょうか。子供たちの様子を見守る立場の場合もあれば，全く登場しないこともあります。現実のいじめ問題では，教師の指導が重要です。しかし，道徳科の学習では，子供同士の関係に注目できれば十分だと解釈します。

　いじめが起きているその構造がわかれば，その構造のどこか一か所を壊していけば，解決の道へとつながっていくはずです。このような状況のとき，どう行動すべきなのか。子供たちに正しい判断ができる力をつけていきます。

　「いじめ問題」を扱った道徳授業は，いじめが起きてからでは遅いのです。いじめのないクラスで実施するからこそ，意味があり，効果が期待できます。その点では，避難訓練と似ています。実際に火事や災害が起きてから訓練をしても遅いのです。事前の指導こそが必要です。命なくして道徳はありません。命を大切にできる子供を育てるのは，私たち教師の最も大切な仕事です。

- 「いじめ問題」の教材は，いじめの四層構造図とあわせて授業を行う。
- 「いじめ問題」の道徳授業は，いじめのない学級でやるからこそ実効性がある。学級づくりと連動させて，子供たちの笑顔あふれる学級をつくる。

—————————— Column 3 ——————————

資料と教材

　本書では，【資料】と【教材】，【資料（教材）】というふうに３通りの表記をしています。それぞれに意味があります。

　かつては——道徳が教科化される前のことです——，「道徳は教え込む時間ではない。だから，『教材』と言ってはいけない。『資料』と言う」と指導されたものです。道徳は心の学習であるので，その授業が教師側からの「教え込み」であってはならない。この考え方には，一理あります。

　ところが，道徳が特別の教科に変わった途端に，「これからは，道徳でも『教材』と言う」と変わりました。「教科になったのだから」という単純な理由です。

　けれども，そんな単純な理由で「これからは資料ではなく，教材だ」など言ってよいのでしょうか（よいはずがありません）。

　道徳授業づくりには，次の３工程があります。

　①素材（ネタ）との出合い　→　②資料への加工　→　③教材への加工

　まず，素材（ネタ）との出合いがあります。「これを授業で使ってみたい！」と直感したときが，出合いの瞬間なのです。次に，資料への加工をしなければなりません。子供にわかりやすいように簡単な表現に書き換えたり，授業で使いやすいように拡大コピーをしたりします。こうして，素材が資料になります。最後に，教材です。資料ができあがっても，それをどのように使用するかが決まらなければ，授業はできません。資料をどんな発問や指示と一緒に提示するのか。学習活動のどの場面で使うのか。それらが決まって，初めて授業の全体像が見えてきます。つまり，資料を指導過程と共に示したものが教材なのです。

　つまらない道徳にさよならするためには，授業づくりにおける教師の主体性が必要です。言葉に込められた本来的意味を軽んじてはいけません。

4章

マンネリを打破する オリジナル教材活用術

Chapter4
01
オリジナル教材で手ごたえを実感しよう

　教科書教材も，最初は誰かがつくったのです。その意味で，教科書教材もオリジナル教材出身といえます。それが，教科書に収められ「教師用指導書」とセットで使われると，授業が同じような展開になってしまいがちです。
　ぜひ，教科書教材ではないオリジナル教材を使った授業を実施して，新鮮な授業の手ごたえを実感してください。

教材開発は教師の努力義務

　オリジナル教材を使った授業を提言すると，
「道徳の教科書は，使わなくてもいいのですか」
という質問を受けることがあります。
　学校教育法第34条には，教科書の使用義務が規定されています。

> 　小学校（中学校）においては，文部科学大臣の検定を経た教科用図書又は文部科学省が著作の名義を有する教科用図書を使用しなければならない。

　ですから，「オリジナル（自作）教材を使えば，教科書は使わなくてもいい」とは言えません。ただし，同第34条第4項には「教科用図書以外の教材で，有益適切なものは，これを使用することができる」という趣旨が示されています。これは，社会科の県版資料などを例にとるとわかりやすいと思います。
　一方，道徳科の教材開発について，『小学校学習指導要領（平成29年告

示）』には，次のようにあります。

> （I）児童の発達の段階や特性，地域の実情等を考慮し，**多様な教材の活用に努めること**。特に，生命の尊厳，自然，伝統と文化，先人の伝記，スポーツ，情報化への対応等の現代的な課題などを題材とし，児童が問題意識をもって多面的・多角的に考えたり，感動を覚えたりするような**充実した教材の開発や活用を行うこと**。(P.168)　　※太文字　著者

　文の語尾に注目してください。「学習指導要領」には，法的拘束力があります。法令における「〜に努めること」「〜行うこと」という文言は，「〜しなさい」という意味に近い表現で，文字通り"努力義務"であるといえます。
　ですから，
「道徳が教科になったのだから，教科書以外の教材は使ってはいけません」などというのは，それこそが法令違反なのです。

校長の許可が必要？

　教科書だけを使った道徳授業に物足りなさを感じている教師は，大勢います。しかし，道徳の教材開発に積極的に踏み出せずにいる教師も，少なくありません。
　『学習指導要領（平成29年告示）解説　特別の教科　道徳編』に，「教材の変更」について次の記述があります。

>　（教材を）変更する場合は，そのことによって一層効果が期待できるという判断を前提とし，少なくとも同一学年の他の教師や道徳教育推進教師と話し合った上で，校長の了解を得て変更することが望ましい。
>
> （小学校 P.76）

4章　マンネリを打破するオリジナル教材活用術　83

教材開発を勧めておきながら，一方でそれにブレーキをかけるような内容にも取れそうです。でも，道徳の教材に限らず「一層効果が期待できるという判断」が前提となるのは当然のことです。その際，独りよがりにならずに他の教師と情報を共有することも大切です。道徳教材は何でもありではありません。道徳授業は子供の心を扱う大切な学習であるからこそ，あえてこのような記述がされているのでしょう。

　また，「校長の了解を得て」と書かれてあるので，教材の開発に躊躇してしまうという話を聞くこともあります。これについては，「校長の許可がなければオリジナル教材での授業ができない」ではなく，「校長に相談・報告さえすれば安心して授業ができる」というふうに積極思考で考えてください。

　授業づくりに情熱を注ぐのは，教師として尊い行いです。開発したオリジナル教材は，他の教師に相談したり紹介したりして，オープンな姿勢で授業づくりを進めましょう。

　これからの道徳教育界を担う志ある教師を，指導的立場にある方々はぜひ支え，後押しをしていただきたいと思います。

オリジナル教材の圧倒的優位性

　オリジナル教材の圧倒的優位性の一つに，リアルタイムの教材開発があります。教科書は，４年に１度改訂されます。小学校では，令和６年度から９年度まで第３期となる道徳教科書が使用されます。逆算すれば，教科書採択は５年度，教科書検定は４年度，教科書編集は３年度までに終えています。

　本書３章９項（P.69）で，パリ五輪出場を決めた水泳の池江璃花子選手のニュースを取り上げました。2024（令和６）年３月18日の報道です。このニュースを教科書教材にするとしたら，次の教科書が改訂される令和10年度まで待たなければなりません。もちろん，池江選手の活躍が色あせることはありませんが，旬の話題を今子供たちに伝えるのと数年後とでは，教材としての迫力が違います。

また，ノンフィクション教材に限らず，４コマ漫画や絵本・図鑑，新聞記事や音楽などまさに「多面的・多角的」な視点から開発された教材での授業が可能です。教科書の正式名称は，「教科用図書」です。基本的には，「図書」という紙ベースに収められ，紙幅の制限もあります。オリジナル教材には，それらの制限はありません。

授業の手ごたえを！

　本章では，マンネリを打破する魅力いっぱいのオリジナル教材（授業）を６本掲載しました。日々の学校生活の忙しさは重々承知しています。ですから，できるだけ準備に負担のかからない「簡単オリジナル教材」を厳選して紹介します。

　オリジナル教材の魅力は，そのまま授業での子供たちの反応として返ってきます。それが，最初に感じる道徳授業の手ごたえです。まずは，本章に掲載したオリジナル教材を活用して，その手ごたえを実感してください。そして，次は自分自身がオリジナル教材を開発して，道徳授業を大いに楽しんでほしいと思います。

- 道徳教材開発の法的位置付け（努力義務）を理解した上で，教科書を主たる教材としながら，積極的な教材開発をバランスよく行っていく。
- 教材開発は教師として尊い行いである。だからこそ，堂々と実践しよう。

４章　マンネリを打破するオリジナル教材活用術

Chapter4
02 この絵本1冊あればいい（1）
『ありがとうのえほん』

　誰にでも，幼いころに読んだ（読んでもらった）絵本の思い出があることでしょう。その一場面は，大人になっても心の中で生き続けています。道徳教材としての絵本の魅力は，お説教くささがないことです。絵と言葉によって，大切なメッセージが子供たちの心に届けられます。

　さあ，絵本を使った道徳授業に挑戦しましょう。

ぼく・わたしの「ありがとうのえほん」

1　**目標**　たくさんの人たちによって自分の生活が支えられていることに気づき，尊敬と感謝の気持ちをもって毎日を過ごしていこうとする態度を育てる（B　感謝）。
2　**対象**　小学校低学年　※中学年以上でも実施可能
3　**準備するもの**
(1)「ありがとう」をテーマにした絵本⇒おすすめは『ありがとうのえほん』
　　（フランソワーズ　作，なかがわちひろ　訳，偕成社）
(2) ワークシート児童数分（次ページに掲載）
　　ノートまたは白紙でも代用可能。ただし，その際は口頭で丁寧に発問や指示をして全員が書き終えたことを確認しながら授業を進める。
(3) A4大の画用紙（児童数分）
　　授業の後半で，自分の「ありがとうのえほん」をつくる。色鉛筆やクレパス等も準備する。

4　授業の実際

　最初に，以下のようなワークシートを配付。ワークシートには発問・指示を明記しておきます。

月　　日（　　）　道徳

名　前

1　今日、朝おきて「今」まで、自分がしたことを3つ　かきましょう。

　①
　②
　③

2　先生の話をよく聞いて、番号に色をぬります。

□　□　□　□　□

4章　マンネリを打破するオリジナル教材活用術　87

❶今日，朝おきてから「今」まで，自分がしたことを３つ書きましょう。

　ワークシートの□①〜③に書くように指示し，全員が書き終えたことを確認します。

❷３つ書いた中から，１つを発表しましょう。

　同じ内容でも構わないことを伝えて，全員に発表させます。

　　・着替えをした
　　・ご飯を食べた
　　・ふとんをたたんだ
　　・顔を洗って，歯をみがいた
　　・「おはよう」のあいさつをした　等

　出された内容は，すべて板書します。

❸自分が書いた３つの中で，「これは，自分一人ではできない。誰かのおかげでできたことだ」というものの番号①〜③に色をぬりましょう。

　２〜３分時間を取った後，色がついていないもの（自分だけの力でやったこと）を発表させます。

　「着替えを自分でしました」

と答えた子には，

　「その服は，自分でつくったの？」

と聞き返します。着替えができたのは，服を買ってくれた家の人のおかげです。さらには，服をつくってくれたお店や工場の人のおかげです。

　このように，最初は，教師が聞き返して説明します。その後は，子供同士の話し合いで相手を納得させます。

　例えば，

　「『おはよう』のあいさつをしました」

という発言に対しては，

　「あいさつは，それを返してくれる相手がいるからできます」

という意見が出されました。

　こう考えていくと，私たちのすべての行動は，誰かの支えによって成り立っていることがわかります。ここで①〜③全部の番号に色をぬることを確認したら，次のように尋ねます。

❹誰かから何かをしてもらったら，その人に何と言いますか。
　ワークシートの②の空欄の５文字に，平仮名を一文字ずつ書かせます。
　その言葉は，

あ	り	が	と	う

です。５人の子を指名して，１文字ずつ順に言わせると，とても楽しい雰囲気になります。５文字を確認したら，全員で「ありがとう」と声に出して読みます。

　ここまでで，15〜20分ほどの授業になります。

　次に，「ありがとう」をテーマにした絵本の読み聞かせを行います。一番のおすすめは，書名もずばり『ありがとうのえほん』（P.86参照）です。たくさんの「ありがとう」があることに気づかせてくれる絵本です。

　絵本の表紙を見せながら，次のように話します。

　「この絵本には，たくさんの『ありがとう』が出てきます。『ありがとう』の相手は，人間だけではありません。どんな『ありがとう』があるのか，よく聞いてください。絵本を読んだ後，今度は，みんなに『ありがとうのえほん』をつくってもらいます」

　その後，子供たちを教室前方に集めて読み聞かせを行います。

　読み聞かせを終えたら，さっそく絵本の作成に取りかかります。

４章　マンネリを打破するオリジナル教材活用術　89

❺世界に一つしかない「ありがとうのえほん」をつくりましょう。

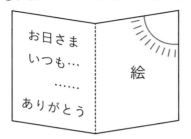

　Ａ４サイズの画用紙を配付して，二つ折りにします。片方に絵，もう片方に「ありがとうの言葉」を書きます。それを背中合わせに貼り合わせていきます。

　できれば，この時間内に全員のページを完成させたいところですが，子供たちの作業には時間差があります。そこで，早く書き終えた子には，もう１枚画用紙を渡し，絵本の表紙と裏表紙をかいてもらいます。

　「ありがとうのえほん」をかいている子供たちは，とても優しい表情になります。誰かに「ありがとう」の気持ちを伝えていると，自分の心もほっこりしてくるのでしょう。それがそのまま学級の温かい雰囲気になっていきます。

　子供たち全員のページを貼り合わせて，それに表紙と裏表紙を付ければ，自分たちの学級の「ありがとうのえほん」の完成です。

　在籍児童が多い学級では，２冊組にすることもできます。

　できあがった「ありがとうのえほん」は，教室の本棚に置き，いつでも見られる（読める）ようにしておきます。

授業展開のコツ

　授業の前半は，ワークシート（P.87に掲載）を使用して進めます。このワークシートには，発問・指示を明記してあります。「ユニバーサルデザインの授業」という言葉があります。これは，「配慮を要する児童生徒にはないと困る支援で，他の児童生徒にも有効な支援」と説明されます。このワークシートのように，授業の流れを示し，発問・指示を明記することによって，学級の子供全員を積極的に授業に向かわせることができるようになります。

　ワークシートなしで，口頭で指示をしても授業はできます。しかしながら，どの学級にも配慮を要する児童生徒がいると思います。授業準備にもうひと手間をかけて，ぜひワークシートを用意してください。

　授業の後半は，さっそく絵本の作成に取りかかります。私たちの日々の生活は，多くの人々の支えによって成り立っています。自分一人でやったと思っていること，例えば，朝の洗顔でさえも，水道をつくってくれた人，タオルを作製して販売してくれた人なしではできないことなのです。

　自分の行動を具体的に振り返り，身近で（または，見えないところで）支えてくれている人々に感謝の気持ちをもたせます。その感謝の気持ちを自分だけの「ありがとうのえほん」をつくることで「言語化＋絵画的イメージ化」します。さらに，完成した絵本をすぐ手に取れる場所（教室の本棚）に置き，授業での学びを実生活へと広げていきます。

- 感謝の気持ちを絵と言葉で表現する。その思いは，ずっと心に残る。
- 道徳授業に創作活動（絵本づくり）を取り入れる。座学中心ではない新鮮な授業風景が広がる。

03 この絵本１冊あればいい（2）
『とうふこぞう』

　もう一つ，創作活動を取り入れた授業を紹介します。題材は，こわ～くない妖怪・豆腐小僧です。科学的に真面目に考えれば，妖怪の存在はナンセンスです。でも，頭で理屈を考えず，心で楽しむ余裕をもちましょう。

　絵本を教材としていますので，基本的には小学校低学年向けです。私は，この授業を６年生で行いました。上学年でも実施可能なマルチ教材です。

異質を受け入れ　心で楽しむ　～豆腐小僧～

1　**目標**　異質を受け入れ，ユーモアを楽しむ心の余裕をもち，明るい心で楽しく生活しようとする態度を育てる（Ａ　正直，誠実）。
　　　　※関連する内容項目　Ｃ「よりよい学校生活，集団生活の充実」
2　**対象**　小学校低学年　※上学年，中学校でも幅広く実施可能
3　**準備するもの**
　(1)・絵本『とうふこぞう』（せなけいこ　作，童心社）
　　・豆腐小僧のイラスト
　　（授業用であれば本書からコピー可）
　(2)　自分で考えた妖怪を描く用紙
　　（Ｂ５大またはＡ４大1/2の白紙）
　　作成後，模造紙に貼ったりまとめてとじたりする。その後の使い方に適した用紙を準備する。

4　**授業の実際**
　授業は，最高気温の話題から入ります。

まず，黒板にこの数字を書きます。

【　40.8　】

❶これは，何の数字でしょうか。

小数点がついているので，子供たちからは，「何かの平均値」「インフルエンザとかで熱が出たときの体温」という発表がありました。なかなか「正解」は出なかったので，ここでヒントを出しました。

【　40.8　℃　】

これでわかったようです。これは，山形市がかつて保持していた日本最高気温です。この気温は，昭和8（1933）年7月25日に記録され，以後，平成19（2007）年まで70年以上も破られなかった偉大な？記録なのです。

気象庁のHP「歴代全国ランキング」のページに，歴代最高気温ランキングが掲載されています。本書執筆時（2023年）現在の最高気温は，41.1℃（2020年8月17日静岡県浜松市，2018年7月23日埼玉県熊谷市）です。これらのデータの中から，クラスの子供たちが興味をもちそうな気温や地名を選んで，授業の導入として使用するのもよいでしょう。

❷今年の夏も，とっても暑かったですね。では，暑いとき，みなさんはどうやって涼しくしますか。

暑かった夏を思い出して，楽しい雰囲気で発表させます。子供たちからは，
・エアコンや扇風機を使う
・冷たいアイスクリームやかき氷を食べる
・プールに入る
という発表がありました。

❸エアコンなどの機械を使わないで，冷たいものを飲んだり食べたりしないで涼しくするには，どうしたらいいでしょう。

「涼しくするというより，寒くするというふうに考えてください」

4章　マンネリを打破するオリジナル教材活用術　93

「寒いというより，ぞっとする，と言ったほうがいいかな……」
とヒントを出すと，
　　・こわいテレビを見る
　　・こわい話を暗いところで聞く
という声が返ってきました。

❹こわいものと言えば，何を思い浮かべますか。

　　・おばけ　　・幽霊
　　・へび　　　・高いところ

　　子供たちからの発言が出尽くしたら，次のように話します。
　「日本人は，お侍さんの時代（江戸時代）のころからこわいものの代表と
してあるものを考えてきました」
　　黒板に

　　【　妖　怪　】

と漢字で書きます。もちろん，まだ授業では習っていない漢字ですが，読め
る子がいるものです。読み方（ようかい）を確認したら，「妖怪」について
国語辞典や情報端末で意味を調べてみるのもよいでしょう。いずれも「妖し
い・怪しい＝あやしい」と読むことがわかります。あやしい生き物だから
「妖怪」というわけです。

❺今から，恐ろしい妖怪の絵を見せます。心の準備はいいですか。
　　こう話してから，豆腐小僧の絵を見せます（次ページ）。

イラスト　勝治麻由子　※授業用としてお使いください。

　子供たちの間から,「かわいい」「全然怖くないよ」という声と一緒に笑いが起こります。豆腐小僧の絵を印刷したものを配付します。

❻この妖怪を見て,気づいたことを発表してください。
　・大きな笠をかぶっている
　・何か手に持っている。お弁当かな,豆腐かな
　・妖怪にしては,顔がかわいい

4章　マンネリを打破するオリジナル教材活用術　95

手に持っているのは豆腐であることを伝えてから，次のように言います。

❼この妖怪に名前をつけてください。

　子供たちからは，「かさぼうず」「とうふぼうや」「妖怪豆腐売り」「とうふこぞう」という発表がありました。どれもかわいらしくてよい名前であることを認めてから，実際の名前は「豆腐小僧」であることを伝えます。

　江戸時代に庶民の間で人気があったと言われる豆腐小僧は，今も人気者です。鳥取県堺港市は，『ゲゲゲの鬼太郎』の作者・水木しげる氏の出身地であることから，町おこしとして商店街に妖怪のブロンズ像を設置しています。「水木しげるロード」には，豆腐小僧のブロンズ像も建てられています。

　また，豆腐小僧は絵本にもなっています。

　せなけいこ作『とうふこぞう』（童心社）です。ここで子供たちを教室前方に集めて，絵本の読み聞かせを行います。お寺の小僧が豆腐小僧と出会って，友達になる話です。低学年であれば，途中で展開を予想させたり感想を聞いたりしながら，ゆっくりと読み聞かせをします。Web 検索すると『とうふこぞう』の動画も見つかりますが，ぜひ絵本を 1 冊手元に準備してください。

❽豆腐小僧が今も人気があるのは，どうしてだと思いますか。

　絵本の感想も交えながら，人気の理由を発表させます。

・妖怪なのに，かわいらしいから
・人間の子供とも仲良しになって，一緒に遊んでくれるから
・何となく，おもしろい

　人気の理由を聞いていると，ますます豆腐小僧に愛着を感じてきます。ここで，次のように話します。

❾みなさんも，妖怪を考えてみましょう。「こんな妖怪がいたら楽しいな」という妖怪の絵を描いて，名前も付けてください。

使い方に適したサイズの画用紙を配付します。描き終えた子は，自分が考えた妖怪を黒板にはってみんなで見せ合います。
　子供たちは，例えば，次のような妖怪を考えました。
【　妖怪　花子　】
　自分が気に入らない花を見つけると，自分の気に入った花に変えてしまう。花が大好きな妖怪なので，けっこうみんなから好かれている。
【　菓子ぼうず　】
　菓子ぼうずは，お菓子が大好き。お菓子があるところにこっそり近づき，食べちゃう妖怪。逃げ足が速い。
【　栗ぼうや　】
　いつも手に栗を持っている。道端で会った子供に栗をあげて「一緒に食べよう」と誘う。
　こういうときは教師も一緒に楽しみましょう。私が考えたのは，こんな妖怪です。
【　牛乳小僧　】
　給食の時間に，欠席した子がいるクラスにこっそり入っていき，その子の牛乳をあっという間に飲んでしまう妖怪。
　楽しい雰囲気で授業が終了しました。

　いじめも差別も，根本には異質を受け入れられない心の狭さがあります。妖怪という「異質」を喜んで受け入れることができる明るい心を，豆腐小僧で育んでいきましょう。

・心に余裕をもって毎日を過ごせば，きっと争いごとも少なくなる。
・何かと頑張りすぎることが多い今日だからこそ，肩の力を抜いて，豆腐小僧との出会いを子供たちと一緒に楽しんでみよう。

4章　マンネリを打破するオリジナル教材活用術

Chapter4
04
ダンボに学ぶ
～偶然をチャンスに変える生き方～

　学年が進むにつれて，道徳の時間に子供たちが進んで発言をしなくなるという話を聞くことがあります。発達段階にも関わりますので，高学年担任の先生の苦労はわかります。でも，一番難しいのは，まだ平仮名も十分に書けない小学校に入学したばかりの1年生の授業かもしれません。
　そこで，おすすめなのが『ダンボ』の絵本を使った授業です。

サーカスの大スターへ

　私は，小さい頃，ディズニーの『ダンボ』が大好きでした。別に，ダンボのぬいぐるみやキャラクターグッズを集めていた……，などという趣味をもった少年だったわけではありません。母が読み聞かせをしてくれた絵本『ダンボ』が大好きだったのです。特に，
　「お母さんのジャンボは，ダンボのことを『ダンボ，ダンボ』と言って育てました」
という箇所がお気に入りでした。
　学生の頃，ダンボの英語本を読んだことがありました。ストーリーがわかっているので，知らない英単語が出てきても，何となく内容を理解することができました。
　教師になって，あらためて『ダンボ』を読み返してみました。今度は，ダンボの生き方が気に入りました。
　ダンボは，人並み（象並み？）はずれた大きな耳をもって生まれました。それが原因で，仲間のぞうからいじめられます。けれども，友達のねずみ（ティモシー）のアドバイスもあり，自分の大きな耳を使って空を飛べるよ

うになったのです。
　サーカスの大スター・ダンボの誕生です。

偶然をチャンスに変える生き方

　クリスマスの時期，よく耳にするクリスマスソングの一つに「赤鼻のトナカイ」があります。いつもみんなの笑いものだった赤鼻のトナカイ・ルドルフ。自分の赤い鼻が嫌で仕方がなかったルドルフでした。けれども，霧の深いクリスマスイヴに，サンタクロースから，
　「暗い夜道はピカピカのお前の鼻が役に立つのさ！」
と，先頭を走る大役を頼まれます。
　この夜がきっかけとなり，ルドルフは，自分の鼻に自信をもちました。そして，ルドルフはトナカイの英雄になっていきます。
　ダンボとルドルフには，共通する生き方があります。
　ダンボ（ルドルフ）は，自分のコンプレックスを逆に自分の個性に変えて，大スター（英雄）になりました。
　「二人」に共通する生き方。それは，偶然をチャンスに変える生き方です。
　映画『バック・トゥ・ザ・フューチャー』の主演で知られる俳優マイケル・J・フォックスは，最初，小柄で童顔な自分にコンプレックスを抱いていたといいます。でも，マイケルが16歳のときに，あるテレビショーの12歳の子役に選ばれました。それをきっかけに，彼は，映画スターへの道を歩み出します。
　偶然をチャンスに変える生き方は，マイケル・J・フォックスのサクセスストーリーにも共通しています。

入学したばかりの1年生に

　絵本『ダンボ』を使った道徳授業は，入学したばかりの1年生におすすめの授業です。まだ，平仮名の読み方も書き方も確かではない時期です。絵本の読み聞かせを取り入れた道徳授業は，そんな時期の子供たちをしっかりと集中させてくれます。

　子供たちを教室前方に集めて絵本『ダンボ』の読み聞かせをした後，こう聞いてみました。

❶もし，あなたが，ダンボみたいな大きな耳で生まれたとしたら，どう思いますか。

　「嫌だと思うよ」
　「悲しくなっちゃう」
という意見が，まず出されました。けれども，少数ではありましたが，
　「気にしない」
　「それで空を飛べるからうれしい」
という意見も出されました。さらに，
　「優しい友達がたくさんいたよ」
　「ダンボのお母さんが，とっても優しかったよ」
という感想を述べる子もいました。

　ひと通り感想を聞いたら，ダンボと友達の存在を確認します。

❷ダンボには友達がいましたね。誰ですか。

　挙手した子を全員起立させて，一斉に声を合わせて友達の名前を発表させました。ねずみの「ティモシー」です。

　ここで，準備しておいたダンボとティモシーのお面を取り出して，役割演技をします。

100

❸仲間のぞうからいじめられて元気をなくしているダンボに声をかけてあげましょう。

　一人は，うなだれたりしゃがみこんだりして，がっかりしているダンボ役を演じます。もう一人は，ダンボ役の子の肩をトントンとたたき，励ましの言葉をかけます。

　１学期後半，文章がある程度書けるようになった時期であれば，ワークシートを準備します。ダンボとティモシーのイラストを入れて，ティモシーに吹き出しをつけてセリフを書く活動を行うのもよいでしょう。

「お楽しみ会」でビデオ上映

　その年の２学期，クリスマスの「お楽しみ会」を兼ねて，『ダンボ』のビデオ上映会を行いました（簡単に言うと，教室でビデオを見ました）。お母さんのジャンボは，いじめられているダンボを助けるために大暴れをして，おりに入れられてしまいました。

　その夜，ダンボは，こっそりお母さんに会いに行きます。お母さんの長い鼻にくるまって，ダンボは何ともうれしそうです。その場面を，涙を浮かべて見ている男の子がいました。その子の涙の意味が，何だかとってもよくわかる気がしました。

・まだ「書く活動」が難しい時期の子供たちには，絵本の読み聞かせと役割演技を取り入れた道徳授業が効果的である。
・ダンボはジャンボが大好き。ジャンボもダンボが大好き。

Chapter4
05
「日本一短い手紙」でつくる ハートフル道徳授業

　手紙文化の発信基地・福井県丸岡町では，『日本一短い「〇〇」の手紙』を募集し，その入選作品を一冊の本にまとめています。今回，教材として使うのは，「『家族』への手紙」です。

　入選作品の中から数編を取り上げ，書き手の思いを話し合います。その後，自分の家族へ短い手紙を書きます。参観日におすすめの授業です。

日本一短くて日本一温かい家族への手紙

1　目標　家族への思いを短い手紙に表し，家族の大切さを再確認するとともに，家族の幸せを求めて生活しようとする心情を育てる（C 家族愛，家庭生活の充実）。
2　対象　小学校〜中学校　※幅広く実施可能
3　準備するもの
　(1)『日本一短い「家族」への手紙』（福井県丸岡町，角川文庫）から，提示する手紙を数編選んでおく。事前に印刷して準備する方法もあるが，むしろ授業中に黒板に書いて，言葉の意味を説明したり色チョークで線を引いたりして話し合いながら進めたほうがよい。
　(2) 徳川家康の肖像画（提示用，Ａ４〜Ｂ４サイズに拡大）
　　導入で使用する。社会科の教科書や資料集の写真も使える。
　(3) 手紙を書く短冊
　　参観日でその場で家の人に渡す場合は，便箋と封筒を準備する。

4　授業の実際

　千葉県船橋市内の小学校で，６年生に実施した授業です（飛び込み授業）。まず，黒板に徳川家康のイラストをはります。

❶この人は，誰でしょうか。

　子供たちは，すぐにわかったようです。全員で一斉に答えた後，４名を指名して黒板に一文字ずつ「徳・川・家・康」と書かせました。

　次に，長篠の戦いの屏風絵を提示し，戦いの名前を問いました。道徳の授業なのに社会科で学ぶ内容が出てきて，子供たちはちょっと楽しそうです。ここで，徳川家康の家臣・本多作左衛門重次について説明しました。戦いの陣中から妻に当てた手紙を紹介します。

　一筆啓上　火の用心　お仙泣かすな　馬肥やせ

---

❷この手紙の意味を考えましょう。

　どんな意味なのか，誰に宛てて書いた手紙なのかを順番に指名して発表させます。「お仙」は大人か子供か，男か女かなど，具体的に聞くことで，いろいろな発言が出やすくなります。

・「泣かすな」と書いてあるので，お仙は子供だと思う
・将来のために，お仙を泣かせないで強くたくましく育てるという意味
・「仙」は仙人の仙だから，大人かな？
・「泣く」だから，女の子かもしれない

　実は，お仙とは，後の丸岡城主・本多成重です。丸岡町は，「手紙文化の発信基地」として知られ，それにちなんで本が発行されていることを伝え，『日本一短い「家族」への手紙』（文庫本）を見せました。

　次に，本の中から，事前に選んだ手紙を紹介します。この授業では，子供

が読みやすいものを中心に選びました。参観日であれば，保護者にまつわる内容を多く用意すると授業が盛り上がります。

【手紙①】　おばあちゃん，夜ひこうきにのったら，
　　　　　　ちきゅうのそとにでたよ。（７歳）

「最初の手紙です」

と言って，黒板に書きました。全員で声に出して読み，手紙の意味を想像して発言させます。短い手紙なので，いろいろなことが想像できます。

　子供たちからは，次のような発言が出ました。

・夜に飛行機に乗って，上から見た

・夢を見ているのかな

・天国に行ったおばあちゃんに宛てた手紙かな？

・夜だから星がたくさんあって，地球の外だと思った

・雲の上に出たのを地球の外だと言った

「夢の中」や「旅行」，おばあちゃんは一緒に住んでいるのか亡くなってしまったのか等，様々な想像が出てきます。ここでは，子供たちの考えを大切にして両方認めます。

　他の手紙も同じように黒板に書きながら紹介し，それぞれの意味をみんなで考えたり，説明を加えたりしながら授業を進めます。

【手紙②】　ガンバレ，じいちゃん。日曜日もはたらいていると，
　　　　　　なにかいいことあるよ，きっとね！　（９歳）

【手紙③】　「お母さん」「なぁに」の「なぁに」がなんだかうれしい。
　　　　　　心がほかほかしてくる。（９歳）

【手紙④】　本気で力いっぱい遊んでくれる父さん。
　　　　　　僕，友達みんなに自まんしたいな。（10歳）

　　　　　　　　　　　※この作品のみ，同シリーズ『日本一短い「父」への手紙』より

　手紙③のお母さんの「なぁに」は，どう読むとより心情がわかるかなど，読み方にも工夫をしました。

　一通り手紙を読んだ後，どの手紙が一番好きかを子供たちに選ばせます。

❸この４つの手紙の中で，一番気に入った手紙はどれですか。

　その手紙を選んだ理由（どんなところが「いいな……」と思ったのか）も合わせて発表させました。人数を確認したところ，お母さんに宛てた手紙③が人気でした。

　黒板には書きませんでしたが，もう一つ手紙を紹介しました。

【手紙⑤】　おばあちゃん，化粧しているの初めて見た。
　　　　　　きれいだよ。でも，これっきりだね。(24歳)

　少し悲しい手紙ですが，６年生なので紹介しました。映画で有名になった「おくりびと」の習わしにも触れながら話しました。まだ，祖父母を見送った経験のある子供は少ないようです。

　「最後にもう１通，手紙を紹介します」
と言って，次の手紙を黒板に書きました。

【手紙⑥】　皆さんお変わりありませんか，僕も益々元気です

　「普通の手紙だよね」というつぶやきが聞こえました。

❹こんな「普通の手紙」が，なぜこの本に載っているのでしょうか。

　この発問の答えは，子供たちもなかなか想像ができなかったようです。そこで，ヒントを出しました。

　「この手紙には，『検閲済』という赤い刻印（判子）があります」

　一部の子供たちは，「そうか……」というような顔をしました。

　この手紙は，昭和17年ミッドウェー海戦で敵の攻撃を受け，やっとの思いで生還した兵士によって書かれたものです。軍の規制により，戦争の様子を知らせる文面は一切許されていませんでした。手紙すら自由に書けない状況下で，自分の無事を伝えるために精一杯の思いを込めて書いた短い手紙に，子供たちも感じ入るものがあったようです。

❺家族に，自分の気持ちを込めて短い手紙を書きましょう。

　子供たちに用紙を配付します。この授業では，縦書きの短冊のような用紙

4章　マンネリを打破するオリジナル教材活用術　105

を配付しました。
「お父さん，お母さん，おじいちゃん，おばあちゃん。または，兄弟（姉妹）誰でもいいですよ」
と伝え，子供たちに家族への短い手紙を書かせます。
　作文や感想文といわれると嫌がる子供も少なくありませんが，この授業での「家族への手紙」は，積極的に書き始めました。理由の一つは「短い手紙」であることです。短いと，子供たちはすぐに書けそうな気がします。

実際の授業の様子
書き終えた子から短冊を黒板にはり，互いに「手紙」を読み合います

　でも，短いからこそ，一つ一つの言葉に思いがたくさんつまっているのです。
　今回は，書いた手紙（短冊）を黒板に掲示してみんなで読み合いました（授業が終わってからも，子供たちは黒板の前に集まって友達が書いた手紙を読んでいました）。

参観日にこの授業を行うときは，その場で保護者に直接手紙を渡すと，とても喜ばれます。

子供たちから家族への手紙

　子供たちは，こんな手紙を書きました。
☆お姉ちゃん
　　いつもいじわるだけど
　　いじわるなお姉ちゃんでも大好き
☆おばあちゃん
　　大丈夫だよ　僕がいるから
☆お母さん
　　これからもずっとそばにいて
☆お父さん
　　いつかは　必ずお父さんみたいになります

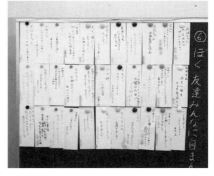

全員の「手紙」が完成しました

　短い文章だからこそ，文字の数以上に込められた子供の家族に対する思いが伝わってきます。一番身近な存在である家族という宝物を再認識することができるハートフル道徳授業です。

- 『日本一短い手紙』シリーズには，他にも道徳授業で考えさせたいテーマがたくさんある。特に，2001年のテーマ「いのち」は，今だからこそ，実施すべき内容である。

Chapter4
06
用紙（白紙）1枚あればいい
「夢は大きいほうがいい？」

　夢という言葉には，「大きい」というイメージがあります。けれども，大きすぎる夢は，非現実的で具体的な努力の方法が見当たらない場合があります。

　最初の一歩を踏み出さなければ，先へは進めません。夢の実現のためには，日々の努力の積み重ねが何よりも大切であることを考えさせていきます。目の前にある「小さな夢」を書く用紙（白紙）1枚あればできる授業です。

夢は大きいほうがいい？

1　目標　一歩前に進むための「小さな夢」をもち，その実現のために努力
　　　　　しようとする態度を育てる（A　希望と勇気，努力と強い意志）。
2　対象　小学校中学年　※高学年以上でも実施可能
3　準備するもの
　(1) 自分の「小さな夢」を書く用紙（白紙）1枚（児童数分）
　　　ノートでも代用可。
　(2) 国語辞典またはタブレット等の情報端末
　　　「夢」という言葉の意味を調べる活動を入れる。
　　　授業で国語辞典を活用している学級であれば，道徳の学習でも積極的に国語辞典を使わせると言葉に対する感性が磨かれていく。
　　　ICT機器を積極的に活用している学級であれば，情報端末で「夢，意味」でWeb検索する。

4　授業の実際

　何も書いていない用紙（Ａ４サイズ）を配付します。
　黒板に大きめの文字で
　　【　　夢　　】
と書きます。
　「みんなで読んでみましょう」
と言って、全員で声を合わせて「夢」と読みました。そして、用紙に少し大きめの文字で「夢」と書くように言いました。

❶「夢」という文字を見て、気づいたことを書きましょう。

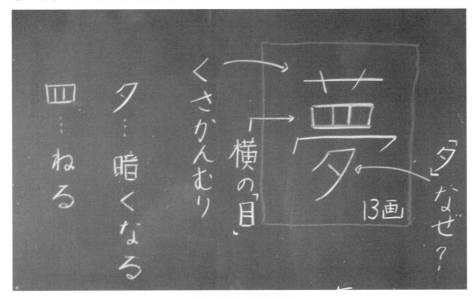

実際の授業の板書より

　子供たちからは、次のような発表がありました。
　・どうして「夕」という字があるのか
　・「くさかんむり」がついている

4章　マンネリを打破するオリジナル教材活用術

（注）これは，「くさかんむり」ではなく難解な表記が簡略化されたもの。夢の部首
　　　は「夕（た・ゆうべ）」
　　・「目」という字が横になっている
　　・13画になっている
　子供たちから出された考えと関連付けながら，
　「夕方暗くなって，目を閉じて眠っているときに見るもの。それで，この
『夢』という漢字ができたのだそうです」
と話し，黒板に
　　【　夢　　①　ねむっているときに見るもの　】
とまとめました。次に，
　「眠っているときに見るものの他に，別の意味もあります。どんな意味で
しょうか」
と尋ねたところ，
　　・将来，自分がやりたい仕事のこと
　　・かなえてみたい希望
　　・ちょっと無理かもしれないけど，こうなったらいいなという願い
という考えが出されました。
　夢という言葉は，2つの意味に大別されることを確認して，
　「今日の道徳では，こちらの意味（希望）の夢について考えていきましょ
う」
と話して，「夢」の2つ目の意味として，
　　【　夢　　②　希望・目標　　】
と書き加えました。
※授業の後半で，「夢」の3つ目の意味を国語辞典または情報端末で調べる。
　ここで，子供たちがもっている"夢"という言葉のイメージを聞きます。

❷「夢」というと，みなさんは「大きい」というイメージですか。それとも，
　「小さい」というイメージですか。

110

どちらのイメージをもっているか，挙手で確かめました。すると，次のような結果になりました（児童23名）。

●「大きい」…　23人
●「小さい」…　0人

全員が，「夢といえば大きいもの」というイメージをもっていることがわかりました。続けて，次の発問をしました。

❸夢は大きい方がいいですか。それとも，小さい方がいいですか。
　これも，どちらかを選び，そう考えた理由も発表させました。すると，「大きい方がいい」が20人，「小さい方がいい」が3人でした。
　「小さい方がいい」と答えた子の理由を聞いたところ，
　・あまり大きな夢だと，途中で「無理だ」と思ってあきらめてしまいそうだから
というものでした。
　「大きい方がいい」と答えた子の理由は，以下の通りです。
　・大きい夢の方が，かなうとうれしいから
　・大きい夢をもつと，それにあこがれて楽しみながらがんばれる
　・小さな夢だと，自分ができることも小さくなる。大きな夢の方が，目標に向かってがんばれる
　ここで，「小さい方がいい」と考えている子から，
　・夢は積み重ねが大事。でも，小さな夢でもそれを積み重ねていけば，最後には大きな夢になる
という意見が出されました。すると，この意見への賛同者があり，「小さい方がいい」と考える子が5名増えました。
　子供たちの発表の後，
　「夢について，こんな言葉があります」

4章　マンネリを打破するオリジナル教材活用術　111

と言って，黒板に次の言葉を書きました。

【　Ａ　夢は，必ずかなう。】

　子供たちは，声に出してこの言葉を読んでいました。さらに，
「でも，こういう言葉もあるのです」と言って，次の言葉を板書しました。

【　Ｂ　かなわないから，夢なんだ。】

❹ＡとＢ，みなさんは，どちらの言葉が「なるほど」と思いますか。
　「ん〜，どっちもだよね」
という子が多かったので，そう思う理由を尋ねました。

- あまり大きすぎる夢だと，本当に夢に終わってしまうから，やっぱり夢なんだと思う
- 夢は自分の目標とか希望だから，自分で目標をもって努力をすれば必ずかなうんだと思う
- どんな夢を目指すかによって，違うと思う。たとえば，オリンピックの金メダルは夢で終わるかもしれないけど，運動会の１位とかは努力すればなんとかなると思うから

　子供たちの考えを聞いた後，
「どうやら『夢』という言葉には，もう一つ，３つ目の意味がありそうですね」
と言って，国語辞典で調べさせました。

　児童向けの国語辞典を引くと，「夢」には，次の３つの意味があることがわかります（Web検索の場合は，児童生徒向けの意味が書かれている信頼できるサイトを活用します）。

　①眠っているときに見るもの

　②将来の希望・目標

　③実際にはかなえられそうもないはかないのぞみ

　３つの意味を確認した後，

「みなさんがもつべき夢はどれですか」

と聞きました。全員が②と答えました。
　最後に自分の夢について考えさせます。

❺あなたが，今実現できそうな夢はなんですか。その夢を実現させるために，何をしますか。

　ここは，自分の小さな夢を見つめて，その夢を実現させるための自分の決意を書かせる場面です。自分だけの目標を大事にさせるために，あえて学級全体での発表の場はもたせずに授業を終えました。

　用紙は回収して，一言コメントを書いて翌週の道徳の時間に子供に返します。もし，コメントを書く時間が厳しければ，励ましのシールを貼ったりスタンプを押したりして返却しても構いません。
　子供たちは，次のような「小さな夢」を書きました。
　☆　水泳で平泳ぎのターンが上手になりたいです
　☆　友達と仲良くすること
　☆　けががなく，家族みんなが健康でくらせること
　☆　苦手な勉強をなくすこと
　☆　好ききらいをなくして，にんじんを食べられるようになること
　☆　自分が無理だと思っても，けっしてあきらめない自分になること
　☆　漢字を得意にしたい
　小さな夢の実現のためには何が必要なのかを考え，それを実行します。その積み重ねの先に，きっと大きな夢の実現が待っているはずです。

・自分の夢を「はかないのぞみ」にしないために，具体的な小さな夢を書き出し，その実現に向かって日々の努力を続ける。
・自分のめあてを考える学級活動との関連指導も効果的である。

4章　マンネリを打破するオリジナル教材活用術　113

Chapter4
07
チョーク1本あればいい
「『勇気の缶詰』買いますか？」

　あるデパートで，「勇気の缶詰」が売られていました。その価格は100円です。あなたなら，この缶詰を買いますか，それとも買いませんか。買うとしたら（買わないとしたら），それはどうしてですか。
　そもそも，この缶詰には何が入っているのでしょうか。「勇気の缶詰」の話をとおして，勇気とは何かを考える授業です。

「勇気の缶詰」買いますか？

1　**目標**　勇気とは，人に頼らずに自分自身で正しい判断をして行動する心であることを理解し，高い目標に向かってくじけずに物事をやり抜こうとする態度を育てる（A　希望と勇気，努力と強い意志）。
2　**対象**　小学校高学年〜中学生
3　**準備するもの**
　(1) 特になし
　　教師がチョーク1本を持ち，教師の語りで授業を進める。
　　話し合いだけでの展開もできるが，自分の考えを書く活動を入れる場合は日頃使っている道徳ノートや「勇気の缶詰」のイラスト（文字部分は空欄にしておく）を入れたワークシートを準備する。
　　この教材は，中学生（男子）の作文がもとになっている実話である。「ある中学生の話です」と授業の冒頭で話すとよい。

4　授業の実際

　小学校6年生に実施した授業です。

　まず，黒板に白チョークで缶詰のイラストを描きます。

　「これは，何でしょう」

と言って，上の部分からゆっくり描き始めます。上蓋の楕円を描いたあたりで，

　「たまごかな？」

という声が子供たちの間から聞こえました。

　「たまごじゃないんだよね……」

と軽く答えて，全体を描き進めます。

「タイヤ」「セロテープ」等，様々出されたところで

　「ヒントはこれです」

と言って，タブの部分を描き加えました。これで缶詰だとわかったようです。

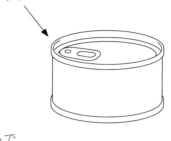

❶この缶詰には，ラベルが貼ってあります。何の缶詰なのかを示すラベルです。何の缶詰だと思いますか。

　想像力を働かせて，自由な雰囲気で楽しく発表させます。子供たちからは，「恐竜の卵」「小さな動物」「賞味期限100年の保存食」「煙（うらしまたろうの玉手箱のような）」等，様々出されました（当然，「勇気」という考えはありませんでした）。

　発言が出尽くしたら，缶詰にラベル（空欄）を描き加えます。そして，

　「実は，これが入っているのです」

と言って，ラベルに 勇　気 と書きます。

　子供たちは，

　「えーっ，勇気の缶詰!?」

　「本当に売っているの？」

　「いくらで？」

と疑問や驚きの声を上げていました（ここまでは特に道徳的な内容はありま

せんが，シンプルに盛り上がります）。

　ここで，「勇気の缶詰」の話をします。

　　これは，茨城県の中学生（男子）の話です。

　　ある休日，水戸のデパートへ買い物に行きました。買い物がすんでか
ら少し時間があったので，店の中をぶらぶらしていました。すると，信
じられないようなものが売られていたのです。

　　勇気の缶詰です。

　　（値段はいくらだと思いますか？）

　　１個100円です。

　ここで，子供たちに問います。

❷自分なら，勇気の缶詰を買いますか，買いませんか。

　勇気の缶詰のイラストが入ったワークシートを準備・配付して，「買うか，
買わないか」とその理由を書かせました（ワークシートがなくても，挙手で
意思表示をしても大丈夫です）。

　人数を確認したところ，ほぼ半数に分かれました。

　それぞれ，次のような理由でした。

〈　買う　〉

　・中身が気になる。買わないと，その後もずっと気になりそう

　・何が入っているのかも知りたいし，100円なら買ってもいい（500円だと
　　買わないかも）

　・こういうおもしろそうなものは，100円で買っても損はないと思う。家
　　に帰ってから，家族と楽しめそうだから

〈　買わない　〉

　・絶対にだまされる

　・勇気って，物じゃない。それが缶詰に入るわけがない。きっと，うそ

・後で，100円あったら別のものを買えばよかったって，後悔しそう

発言が出尽くしたら，話を続けます。

　この中学生も，いろいろと悩んだ末に，この缶詰を買いました。

　この中には，何が入っているんだろうか……。

　本当に勇気が入っているんだろうか……。

　缶を開ければ，自分だけの勇気が得られるのだろうか……。

　人一倍の勇気がほしかったのです。

　家に着きました。

　彼は，（別に悪いことをしたわけではないのに）家族とは顔を合わせ

ずに急いで自分の部屋に行き，誰もいないことを確かめて「勇気の缶

詰」を開けました。

　初めから，勇気そのものが入っているなんて思っていませんでした。

　でも，「勇気とは，……だ」とか，「勇気を得るには，こうすればい

い」とかいうくらいのものは入っているだろうと期待していました。

　ところが，缶詰を開けてみて，頭をガンと殴られたような気がしまし

た。

　缶詰の中には，何も入っていませんでした。

ここで，一旦話を止めます。

そして，

「缶詰の底に，こんな言葉が書かれてありました」

と言って，黙って黒板に一文字ずつゆっくりと次の言葉を書きます。

　　　　　ボ　ク　ニ　タ　ヨ　ル　ナ　　　ヨ　ワ　ム　シ

　書き終えると，子供たちから「ん〜……」という納得したような，「やら

れた！」とでも言いたいような反応が返ってきました（この反応は，授業を

4章　マンネリを打破するオリジナル教材活用術　**117**

していておもしろいです。ぜひ，子供の反応に注目してください）。

　子供たちの様子をしばし観察して，落ち着いたところで次の発問をします。

❸どうしてこれが「勇気の缶詰」なのでしょうか。

　それまで明るく楽しい雰囲気だったのが，この発問で子供たちは真剣な表情に変わりました。「勇気とは何か」という本時のテーマに迫る発問です。

　考えがまとまった子から，挙手指名で発表させました。

・勇気は，誰かからもらうものではなく，自分で考えて行動するものだということ

・勇気がない人は，すぐ誰かに「助けて〜」とか言ってしまいます。だから，人に頼っていてはだめだということを教えている

・勇気って，売っているものではない。でも，この勇気の缶詰は「ぼくに頼ってはだめだ」と大切なことを教えている

・きっと，これを買うのはもともと勇気がない人だと思う。勇気のない人には，「ぼくに頼るな」という言葉が必要だ

　※この意見に対して「100円出して買うのも勇気が必要だ」という反論があった。

　発表の後，意見交流の時間を取り，最後にワークシートに「今日の道徳で学んだこと」を書いて授業を閉じました。書く活動は入れずに，交流の時間を授業終了まで続けることもできます。

「勇気の缶詰」その後…

　卒業が近づいた3学期のある日，子供たちが「先生への感謝の会」を開いてくれました。会のエンディングで子供たちからの「よびかけ」がありました。クラスで一番の元気者の男の子が次のように言いました。

　「僕が忘れられない思い出は，道徳で『勇気の缶詰』を勉強したことです。人に頼らずに自分で正しい判断をして立派な中学生になります」

　これには，驚きました（同時にウルッとくるほどうれしかったです）。

それから数年後，茨城県の元・教頭先生（御退職）からメールを頂戴しました。「勇気の缶詰」の原典についてでした（概略は以下のとおり）。

　この資料は1980年発行の児童生徒作文集『鬼怒川のほとり』第４集に掲載された中学３年生の作文が原典になっています。私の作文もその『鬼怒川のほとり』に掲載されている関係で，その作文集をいただきました。私の作文の次に掲載されていた作文「五十円で勇気を買おうとした僕」が，原典だと思います。
　たまたまネット上でこの資料が使われた道徳の授業があることを知りどのような経緯で，この資料が広まったのか知りたくなりメールした次第です。

　人から聞いたエピソードをもとにして作成した教材でしたが，メールをくださった先生のおかげで原典を知ることができました。
　道徳授業づくりから，素敵な出会いが広がりました。

・１個100円の勇気の缶詰を買うか，買わないか。その理由の中に，子供たちの「勇気」に対するそれぞれの思いが表れる。
・「勇気の缶詰」を知っているだけで授業ができる。勇気を出して実践を！

---------------------------------- Column 4 ----------------------------------

単発でできるのも道徳のよさ

　道徳授業は，単発でも実施できます。

　もちろん，学校教育は意図的・計画的に行われるものですから，道徳授業も実施すべき順番や重点の軽重，連続性はあります。けれども，各教科——例えば，算数の足し算とかけ算のように——前時までのこの内容を学習しておかないと本時の授業が成立しにくくなるというようなことはありません。

　行き当たりばったりの授業ではだめですが，これを道徳授業のフットワークの軽さ，と長所にとらえることもできます。

　私は，教務主任と教頭・校長のときにも，結構，道徳の授業をやりました。一番多かったのは，担任がいないときです。担任が出張等のときには，私も楽しみながら授業に出ていました。事前に授業に出ることがわかっていれば，その学級・学年に合った授業の準備をすることができます。

　ときには，急な事情で授業に出ることもありました。子育て世代の先生は，お子さんの発熱などでお休みされることがあります。そんなときは，チョーク1本（または絵本1冊，ワークシート1枚）でできる授業ネタをいくつか覚えておくと重宝します。

　この章で紹介した6本の授業の中では，「勇気の缶詰」と「夢は大きいほうがいい？」を急な補欠授業で何回か行いました。特に，教務主任時代に補欠で授業を行うと，担任から喜ばれ感謝されました。職場の人間関係も良好になります。何より，授業を通じて子供たちとのつながりができます。

　みなさんも，ぜひ他学級での補欠授業で道徳をやってみてください。

5章

一番忙しい時期を スマートに乗り切る 評価所見作成術

Chapter5

Chapter5
01
まずは確認　道徳科の評価

　道徳科では，授業の実施はもちろん，評価も責任をもって行います。どの教科・領域であれ，授業を実施したら，その評価を行うのは当然のことです。
　道徳科での評価は，各教科の場合とは，大きな違いがあります。その違いをしっかりと理解したうえで，教師としての誇りをもって子供たちの評価を行いましょう。

各教科との決定的な違い

　道徳授業の目標は，子供の道徳性を育てることです。けれども，道徳性が育ったのかどうかは，授業後の子供の言動や生活の様子を見なければわかりません。１時間の授業の中で評価するのは，非常に困難（ほとんど無理）です。だから，道徳科では，子供の道徳性は評価しません。もちろん，数値化等による評価も行いません。『小学校学習指導要領（平成29年告示）解説　特別の教科　道徳編』P.110には，次のようにあります。

> 　このことは道徳科の目標に明記された学習活動に着目して評価を行うということである。

　これは，さらりと書いてありますが，非常に重要な一文です。この文は，「道徳科では，授業の目標が達成されたかどうかではなく，学習活動に着目して子供の学びの姿を評価すること」を示しています。
　各教科であれば，当然のこととして，授業の目標が達成されたかどうかを評価します。ところが，道徳科では，目標に準じた評価はしないのです。

４つの学習活動と４つの道徳性

　道徳科の目標には，４つの学習活動と４つの道徳性が明記されています。
まず，４つの学習活動について確認します。
　番号を付けて太字で記します（例：小学校）。

（前略），よりよく生きるための基盤となる道徳性を養うため，
　　①道徳的諸価値についての理解を基に，
　　②自己を見つめ，
　　③物事を多面的・多角的に考え，
　　④自己の生き方についての考えを深める
　学習を通して，道徳的な判断力，心情，実践意欲と態度を育てる。

---

　①道徳的諸価値の理解は，他の学習活動の基になります。道徳科でも，知識・理解は，大切な学習です。①と②・③・④の学習活動は並列というわけではありませんが，「４つの学習活動」とまとめるとわかりやすいです。
　次に，４つの道徳性です。
　番号と（道徳的な）を付けて太字で記します。

（前略），よりよく生きるための基盤となる道徳性を養うため，道徳的諸価値についての理解を基に，自己を見つめ，物事を多面的・多角的に考え，自己の生き方についての考えを深める学習を通して，
　　①道徳的な判断力，
　　②（道徳的な）心情，
　　③（道徳的な）実践意欲と
　　④（道徳的な）態度
を育てる。

5章　一番忙しい時期をスマートに乗り切る評価所見作成術　123

「一番大切な道徳性は，何ですか」
と聞かれたら，あなたはどう答えますか。

　ある人は，「相手を思いやる気持ち」，すなわち道徳的な心情と答えるかもしれません。またある人は，「道徳性は行為として表れなければ意味がない」と考えて，道徳的な実践力と答えるかもしれません。

　これらは，道徳性の様相と言われます。様相とは，「ものごとのありさまや様子」を意味します。様々考えられる道徳性の様相の中で，小・中学校の義務教育において育てるべき道徳性として選ばれたのが，「道徳的な判断力，心情，実践意欲と態度」なのです。これらは，「道徳性の４つの様相」と呼ばれます。

　道徳授業は，道徳性の４つの様相を育てることを目標として実施されます。目標を達成するために行われるのが，４つの学習活動です。

　教師は，子供の道徳性が育ったのかどうか（目標が達成されたかどうか）ではなく，この４つの学習活動に着目して，学びに向かう学習の様子を肯定的に記述で評価します。

　記述の意図は，子供たちの学びの姿（そのよさ）を言葉で認めてあげるということです。点数化して序列をつけるのではありません。教師は，子供の姿を肯定的にとらえる目をもたなければなりません。

　なお，道徳科の評価は，子供の人格に関わるものなので，調査書には記載せず，入学者選抜の合否判定には使用しないことが文部科学省から示されています。特に私立中学や高等学校を受験する児童生徒と保護者には，入学試験への影響はないことを伝えておきましょう。

大胆かつ賢明な評価方法

　目標と評価は，表裏一体です。しかし，この原則は，道徳科には当てはまらないのです。そこが，「特別の教科」であるゆえんでしょうか。これは，ある意味，かなり大胆な規定です。

　道徳科の評価については，教科化に際していくつかの疑問や心配する声が寄せられていました。その多くは，子供の心を大人（教師）が評価できるのか，というものです。

　それらの声に応える（心配を払拭する）意味もあって，道徳科では子供の道徳性——すなわち，子供の心・内面——は評価しないと明言したと思われます。もちろん，入学者選抜の資料に使われることはありません。

　また，評価をする（教師）側からしても，例えば，
「１時間の授業の中で，子供の道徳性が育ったかどうかを評価できますか」と問われれば，ほとんどの教師は「それは難しい」と答えるのではないでしょうか。道徳性を評価するならば，子供の生き方を追跡調査しなければなりません。道徳科でも各教科でも，その評価は，授業の中での学習の様子を見取るのが基本になります。

　と考えると，様々な立場からしても，「道徳科では，目標が達成されたかどうかは評価しない」という考え方は，賢明だったと言えそうです。

- 道徳科では，子供の道徳性については評価しない。つまり，目標に準じた評価はしない。
- 道徳科の評価は，目標に向かう４つの学習活動の様子に着目して行う。

Chapter5
02 指導要録を意識した通知表所見を書く

　子供の評価を決められた紙幅に文章化したのが，所見文です。学期末・年度末の忙しい時期にやってくるのが，通知表作成と指導要録への記載です。
　所見文作成には，数値化による評価よりも多くの労力がかかります。そこを効率よくスマートに乗り切りたいものです。そのために，まず，指導要録と通知表は別物であることを確認しましょう。

通知表と指導要録は別物

　通知表と指導要録は，そもそも法的な位置付けが違います。

> **通知表**
> 　校長が保護者に配付する「学校生活のお知らせ」。公簿ではない。
> **指導要録**
> 　重要公簿の一つ。
> 　「学籍の記録」は20年間，「指導の記録」は５年間保管。

　道徳科の所見文の書き方にも違いがあります。
　通知表は，学校から保護者への「学校生活のお知らせ」です。法的な決まりはありません。内容や形式はもちろん，配付するかどうかについても，本来的には校長の判断です。通知表は，保護者へのお知らせなので（子供も読むので），できるだけ具体的でわかりやすい記述が求められます。
　一方，指導要録は，重要度"高"に位置付けられる公簿です。文部科学省から示された記載方法にのっとって作成しなければなりません。授業の積み

重ねの中で子供がどのように向上的に変容していったかを「大くくりなまとまりを踏まえて」評価します。

指導要録への記載を意識する

　評価文（所見）の書き方は，通知表と指導要録では異なります。しかし，まったく別々の所見を作成すると二度手間になってしまいます。そこで，３学期（または後期）の通知表所見は，指導要録への記載を意識して作成しましょう。具体的な教材名や授業のテーマは書かずに，子供の特長的な学びの様子を書きます。そして，指導要録には，その記述を要約して記載すると効率よく作成できます（以下，一例です。詳しい具体例は後述します）。

通知表
　登場人物の言葉や行動について，「自分だったら，こんなときどうするだろう」と共感したり疑問に思ったりしながら，自分の考えを積極的に発表することができました。

　　　　　　　　↓　（ぎゅーっと縮めて）

指導要録
　登場人物の言動について，自分の考えをもち進んで意見を発表した。

・通知表と指導要録は別物であることを確認する。
・通知表には具体的に，指導要録には「大くくりなまとまり」で。３学期（後期）は指導要録へつなげることを意識して所見文を作成する。

Chapter5
03
評価所見作成の心得

　道徳科の評価所見を作成するときに，心すべきことは何でしょうか。作成時間を短縮して効果的な作成ができればよいのですが，肝心の中身が薄かったら意味がありません。
　子供が自分のよさを具体的に実感できるような所見文を効率よく作成するための心得を身につけましょう。

実践化への期待

　道徳科の評価は，その時間内での評価です。中には，日頃の生活態度がだらしないのに，道徳科の授業では立派な発言をする子がいるかもしれません。でも，その子は頭ではわかっているのだと肯定的に評価してください。
　例えば，
「道徳で理解したことを実際の生活に生かせたらすばらしいね」
と励ましてあげることで，行動面も成長することが期待できます。
　もちろん，授業での学びが生活の中で実践されてこそ，その学びが「深い学び」であったのだと評価できます。けっして「実行できなくてもいい」というわけではありません。
　道徳授業を１時間実施したからといって，子供は急に変容しないのも事実です。けれども，週１時間の授業での学びが，少しずつですが，着実に子供の道徳性を育てていきます。道徳科の評価は，その時間における子供の小さな進歩を丁寧に見取ることが大切です。
　一方，即効性のある道徳授業もあります。特に，視点Ｂ（人との関わり）と視点Ｃ（集団や社会との関わり）の内容項目を扱った授業は，すぐに実践

へと結びつくことが期待できます。道徳授業での学びが明らかに実生活に生かされている場面——例えば，友達への思いやりのある行為や校外学習での明るい挨拶など——があったのなら，その様子を通知表の評価所見に具体的に書くのもよい方法です。

「経験を語る」に注目

「評価するとき，授業中のどんな子供の様子に着目すればいいのですか」と問われれば，私は，ズバリ
「子供が，自分の経験を語るときです」
と答えます。

資料（教材）に自分の経験を結びつけて考える——。

これが，道徳授業における基本的な思考形式です。自分の経験と結びつけて考えるからこそ，資料が示す「事実」を他人事ではない自分事として考えることができるようになります。

経験を語るとは，少々大げさな言い方をすれば，それは自分の人生を語ることなのです。10年ほどしか生きてきていない子供たちであっても，子供たちなりの人生経験があります。自分の人生を語り，友達の人生を受け止めます。そこで発した言葉や友達の話に聞き入っている様子に注目することで，子供の道徳科における成長の様子を見取ることが可能になります。

- 基本は，授業時間内での評価。しかし，それは実践化への期待を込めた評価である。
- 子供が自分の経験を語っている瞬間を見逃さない（聞き逃さない）。

Chapter5
04 記録（文字）と記憶（板書写真）に残す

　道徳が特別の教科になってからは，評価所見作成を意識して，授業の最後に「学習の振り返り」をノート等に書かせる活動が多く見られるようになりました。

　しかし，毎回同じやり方を繰り返していると，授業が形骸化してしまいます。一つの方法に固執せずに，いくつかの評価方法を考えましょう。

記録を文字で残す

　子供に授業の「振り返り作文」を書かせておくと，評価文作成に役立ちます。ただし，毎時間，授業の最後に感想等を書かせると，授業がパターン化してしまう心配があります。

　「授業の振り返り（感想）を書きましょう」
と言った途端，子供たちの間から
　「え〜，またぁ〜」
なんて声が聞こえたことはありませんか。

　そもそも，評価文を書かなければならないのは教師側の都合です。それによって授業の終末の在り方が決められてくるのは，おかしな話です。ですから，毎時間ではなく，月に1回，もしくは数週間に1回程度，学習のまとめや振り返りを書かせるのがよいでしょう。また，日記や自主学習ノートに，その日の「道徳科」の学びについて，家庭学習として書くことを奨励する方法もあります。

記憶（板書写真）に残す

　教師であれば，「放課後の教室での孤独な作業」を行ったことがあるはずです。子供たちが帰った教室に一人残り，机を眺めながら，その日の出来事を振り返る作業です。

　「孤独な作業」と書きましたが，これは一人寂しく……という意味ではありません。一人静かに，ときには少々センチメンタルな気分に浸りながら，子供たちのことを想う時間です。

　例えば，道徳の授業があった日の放課後，授業中の子供の発言や話し合いの様子を思い出してみます。そこで，数名の子の所見（またはメモ）を書いておけば，通知表の作成に大変役立ちます。

　とはいえ，放課後の時間も取れないほど多忙な時期もあります。そこで，おすすめしたいのが，授業の最終板書を写真に収めておく方法です。

　授業の準備として，大まかな板書イメージを作成します（１章９項参照）。実際の授業では，子供の発言を可能な限りすべて板書することを心がけます。目指すは，子供たちの発言で埋め尽くされた板書です。

　授業を終えたときに，板書の写真を撮っておきます。板書を見れば，誰がどんな発言をしたのかが思い出されます。つまり，記憶がよみがえるのです。ネームカードを活用した板書であれば，なおさら鮮明な記憶となります。

　記録に加えて，自分の記憶も大事にして評価文を作成してみましょう。

・所見文作成のための「材料」は必要だが，毎時間同じパターンは避ける。
・評価をするために授業をしているのではない。心に残る授業を実施すれば，その記憶をたどって子供たちの学びの姿を所見に書くことができる。

Chapter5
05
通知表所見　実例（1）
教材別に書く

　通知表の所見は，保護者向けに具体的でわかりやすい内容や表現にします。特に伝えたい学びの姿があるのなら，一つの授業にスポットを当てた評価所見を書くこともできます。

　その一つが教材別評価文です。評価所見文の定型を覚えて，他教材にも応用しましょう。

「手品師」の場合

　小学校高学年の定番教材「手品師」（Ａ　正直，誠実）を例に，教材別に書く評価所見文の定型について説明します。

【文例Ａ】の定型

「手品師」の学習では，	……………………教材名
（正直な心や誠実な行動）を理解し，	……………道徳的諸価値の理解
どんなことを考えたのか。	多面的・多角的な考え
どのような思いをもったのか。	自己の生き方

【文例Ａ】①
　「手品師」の学習では，誠実な生き方とは何かについて理解し，日常の小さな出来事でも真面目に真心を込めて考えて行動に移すことが大切なのだと考えることができました。

【文例Ａ】②
　「手品師」の学習では，主人公にとっての誠実さを理解し，自分自身が後

悔しない生き方が大切だという思いをもつことができました。

　【文例Ａ】では，「（教材名）の学習では」を書き出しとして，どんな道徳的諸価値を理解し，どのようなことを考えたのかを書きます。述部の内容（どのようなことを考えたのか）は，文例では「多面的・多角的な考え」と「自己の生き方」に注目していますが，内容によっては一つのときや「自己を見つめる」内容になってくることもあります。

【文例Ｂ】の定型

> 「手品師」で，〜について学習（話し合った）ときには，
> ……………………………………教材名＋学習活動
> （自分との関わりで考えて，自分を振り返りながら）
> 〜することができた。　……………………………自己を見つめる

【文例Ｂ】①
　「手品師」で，誠実な行動について学習したときには，迷った末に手品を見せるという男の子との約束を自分との関わりで考え，自分で決断する大切さをノートに書き表すことができました。
【文例Ｂ】②
　「手品師」で，手品師が大劇場への夢を選ぶか男の子の約束を守るかについて話し合ったときには，自分の心に正直に生きる方が悔いは残らない，と自分を振り返りながら，話し合いを進めることができました。

　【文例Ｂ】では，「（教材名）＋（学習活動）」を書き出しとします。その授業で，自分との関わりで（または自己を振り返りながら），どのような学びの様子があったのかを書きます。

5章　一番忙しい時期をスマートに乗り切る評価所見作成術　133

「ブラッドレーの請求書」の場合

　【文例A】【文例B】の定型は，他学年でも使えます。
　小学校中学年の定番教材「ブラッドレーの請求書」（C　家族愛，家庭生活の充実）を例に述べます。

【文例A】①
　「ブラッドレーの請求書」の学習では，家族の一員としての自分の役割を理解し，自分も家族の役に立ちたいという思いをもつことができました。
【文例A】②
　「ブラッドレーの請求書」の学習では，母親の優しさと我が子の成長を願う気持ちを理解し，家族との関わりについて考えることができました。

【文例B】①
　「ブラッドレーの請求書」で，家族の大切さについて学習したときには，母親の思いを自分との関わりで考え，家族を支えてくれる父や母，祖父母への感謝の気持ちをノートに書き表すことができました。
【文例B】②
　「ブラッドレーの請求書」で，主人公が母親に請求書を渡したことについて話し合ったときには，自分がお手伝いをしたときのことを振り返りながら，友達と意見交流をすることができました。

「はしのうえのおおかみ」の場合

　小学校低学年の定番教材「はしのうえのおおかみ」（B　親切，思いやり）を例に述べます。

【文例A】①
　「はしのうえのおおかみ」の学習では，相手に温かい気持ちで接することの大切さを理解し，親切にしたときの喜びについて考えることができました。

【文例A】②
　「はしのうえのおおかみ」の学習では，自分勝手なことを言わないで相手の気持ちや立場を考えて優しく接することの大切さを理解し，自分も友達に優しく言葉をかけてあげたいという思いをもつことができました。

【文例B】①
　「はしのうえのおおかみ」で，くまの優しい行いについて学習したときには，これまで自分が友達に親切にしてきたことやその時々の自分の気持ちなどを進んで発言することができました。

【文例B】②
　「はしのうえのおおかみ」で，うさぎを抱き上げるおおかみの気持ちを学習したときには，「相手に優しくすると，自分もいい気持ちになれる」という感想をノートに書くことができました。

- 教材名を挙げて評価所見を書くときには，「定型」を覚え，一人一人に合ったアレンジを加えていく。
- 子供が道徳の時間に一生懸命学んでいる様子が伝わる内容・表現にする。

Chapter5 06
通知表所見　実例（2）
テーマ（内容項目）別に書く

　一つの授業にスポットを当てた評価所見のもう一つの作成方法として，テーマ（内容項目）別評価文があります。これは，テーマ（内容項目）について学びの成果を端的に記述するものです。

　教材別評価よりも，やや「大くくりなまとまり」が感じられる内容になるため，指導要録へ記載する際の参考になります。

内容項目別評価文例

【視点A　主として自分自身に関すること】
1　「善悪の判断」をテーマにした学習では，悪いと知りながらも周囲に流されそうな弱さを誰でももっていることを話し合いながら，「正しいことは自信をもって実行しなければならない」と，自覚することができました。
2　「個性の伸長」をテーマにした学習では，友達とお互いのよさを認め合う交流を通じ自分の特徴に気づき，「私は，これからも1年生や2年生に優しくしていきたい」と，自分の長所を伸ばそうとする考えをノートに書くことができました。

【視点B　主として人との関わりに関すること】
1　「親切，思いやり」をテーマにした学習では，言葉には，相手をうれしくさせる言葉と悲しくさせる言葉があることを理解し，お互いがうれしくなる温かい言葉をたくさん使っていこうと考えて，「帰りの会」でみんなに提案しました。
2　「礼儀」をテーマにした授業では，相手（年上の人等）に応じた丁寧な

挨拶や言葉遣いをしなければならないことを学び，職員室への出入りや社会科見学のときに，さっそく実践することができました。

【視点C　主として集団や社会との関わりに関すること】

① 「勤労」をテーマにした学習では，みんなのために働くとすがすがしい気持ちになることに気づき，自分の役割を果たそうと，清掃の時間や係活動では友達と協力しながら一生懸命に仕事をすることができました。

② 「伝統と文化の尊重」をテーマにした学習では，私たちの地域には，長い間大切に保存されたり受け継がれたりしてきた神社やお祭りがあることに気づき，郷土のすばらしさを実感して，もっと調べてみたいという意欲をもつことができました。

【視点D　主として生命や自然，崇高なものとの関わりに関すること】

① 「生命の尊さ」をテーマにした授業では，自分の命は遠い祖先から受け継がれてきたものであることに気づき，これからも命あるすべてのものを大切にしていかなければならないという思いをもつことができました。

② 「自然愛護」をテーマにした授業では，これまで自分がふれあったことのある動植物について意見交流をして，身近な自然をこれからも大切にし，美しい自然が壊されることなくずっと続いていってほしいという願いをもつことができました。

- 「○○をテーマにした学習では」を書き出しとして，そのテーマにどのように向き合い，どんな学びの姿があったのかを具体的に書く。
- 視点Bと視点Cでは，実践化（行動）まで踏み込んだ記述が可能である。

Chapter5

07 通知表所見　実例（3）
学びのタイプ別に書く

　評価所見の３つ目の例は，学びのタイプ別評価です。道徳科における子供の学びの姿から，その子の特長（よさ）を書きます。
　これは，前述した２つ（教材別・テーマ別）よりも，「大くくりなまとまり」の評価になります。そのため，１時間の授業だけではなく，数時間の授業での様子をまとめた内容を記述します。

学びのタイプ別評価文例

【学習意欲旺盛の子】
1　道徳がある日には，「今日は，どんな道徳をするのですか」と朝から聞きに来て，毎時間，意欲満々で道徳の学習に取り組みました。資料の登場人物の気持ちに共感したり，批判的に考えたりしながら，自分の意見をはっきりと話すことができました。
2　道徳の時間には，必ず挙手をして，自分の考えをみんなに伝えることができました。友達の考えにもよく耳を傾け，「こんなとき，どうすべきなのか」とか「相手はどんな気持ちだったのだろうか」とか，真剣に意見交流を行いました。

【落ち着いた態度でじっくりと学んでいる子】
1　その日のテーマについて，友達の意見と自分の意見とを比べながら考えて，毎時間一生懸命に授業に臨みました。正しい判断や行動について，じっくりと考え，友達が「なるほど」と納得させられるような意見を出すことができました。

② 登場人物の言葉や行動について，「自分ならどうだろう」と共感したり疑問に思ったりしながら，自分の考えをもつことができました。その時間の学びを，学習カードや自主学習ノートに丁寧に書き記しました。

【授業の核心に迫るような発言や考え方ができる子】
① 教材文をよく読み，「何が問題なのか」や「なぜそのように行動すべきなのか」などについて，じっくりと考えることができました。正しい判断をして行動することが，学校生活を安全に楽しく過ごすためには，何よりも大切であることを理解しました。
② 教材文や資料が示すテーマについて，自分たちの今の生活と照らし合わせながら友達と話し合いました。道徳の時間に学んだことを学級でも生かそうと，休み時間に全員で仲良く遊ぶ計画を提案しました。

【多面的・多角的な考え方が得意な子】
① 教材文の主人公が悩んでいる場面では，「もし，こういうふうにしたら，……」という例えを使った表現で，解決方法を様々提案することができました。物事を柔軟な発想で考え，友達と意見交流をしました。
② 教材文の登場人物の気持ちを想像して話し合ったときには，「自分だったらこう思う」とか「きっとこんな気持ちでいるはずだ」とか，いろいろな場合を想定して問題解決のための意見交流を進めることができました。

・子供の道徳的な成長の様子をある程度のスパンでとらえて記述する。
・子供理解に関わるオーソドックスな評価。だからこそ，教師の専門性が問われる。その子だけへの言葉を贈りたい。

Chapter5 08
通知表所見を指導要録へつなげる

　通知表の所見ができあがったからといって，あまりのんびりはできません。年度末には，重要公簿の指導要録作成が待っています。
　通知表と指導要録は別物とはいえ，新たに指導要録用の評価所見文を書き始めるのは効率がよくありません。作成済の通知表の所見をうまく活用して"時短＆効果的"に仕事を進めましょう。

通知表から指導要録へ

　2018（平成30）年度からの指導要録は，外国語活動の上に6学年分の道徳科の記入欄が設けられました。縦1.1cm×8.5cmほどの小さな枠です。この紙幅に道徳科の「学習状況及び道徳性に係る成長の様子」を書くのですから，手書きでもPCによる入力でも，要点をかなりしぼった文になります。
　担任は年度末までに通知表に道徳科の所見を書いてきています。ですから，その評価文を指導要録用にアレンジできれば，効率よく仕事ができます。そこで使えるのが，前ページで紹介した「学びのタイプ別評価文例」です。文末表現を短くまとめて，指導要録用に転載してみましょう（前ページと対応させて読んでください）。

【学習意欲旺盛の子】
1　登場人物の心情を想像し，意欲的に自分の考えを発表した。
2　登場人物の心情や行動について，友だちと真剣に話し合った。

【落ち着いた態度でじっくりと学んでいる子】
1　正しい判断や行動についてじっくり考え，自分の意見を発表した。

2　登場人物の言動を検討し，自分なりの考えをもつことができた。

【授業の核心に迫るような発言や考え方ができる子】
1　正しい判断をして行動することが，生活の向上のために大切だと理解した。
2　自分たちの生活と照らし合わせて考え，学んだことを生活に生かそうとした。

【多面的・多角的な考え方が得意な子】
1　柔軟な発想で問題解決の方法を考え，友達と意見交流をした。
2　いろいろな場面を想定して，問題解決のための意見交流をした。

『小学校学習指導要領（平成29年告示）解説　特別の教科　道徳編』には，評価の基本的な考え方として「個々の内容項目ごとではなく，大くくりなまとまりを踏まえた評価とすること」と記載されています（P.110）。ですから，一つの教材や内容項目にスポットを当てた評価文は，指導要録には適していません。計画的に評価を進めるためには，指導要録は１年間の「大くくりなまとまり」で，通知表は学期ごとに視点を決めて評価するなど，学校としての方針を決めておくとよいでしょう。いずれにしても，指導要録への評価文はほんの１～２行です。作成の流れを覚えておけば，慌てる必要はありません。

・年度末には，膨大な学級事務がある。通知表所見から指導要録への記載へとつなげて効率よく仕事を進める。
・「学びのタイプ別評価」から，要点を絞り込んで１文程度にまとめる。

Column 5

通知表と指導要録の同時進行にチャレンジ

　本章では，通知表から指導要録へ評価文をつなげる方法を述べましたが，これを一気に作成できれば，結果的に一番効率的な作成になります。

　例えば，次の評価文です。

【文例1】

　授業では，これからの自分の生き方につなげて考えている姿が多く見られました。

　「教材名〇〇」の学習では，これまでは自分のことを中心に考えていたが，まわりのみんながうれしくなることを実践していきたいと思うなど，より望ましい生活習慣を築こうとする考えを深めていました。

【文例2】

　テーマについて自分の考えをもち，積極的に発言したり，ワークシートに記述したりすることができました。

　「教材名〇〇」の学習では，自分が抱える課題について自問自答しました。自分の心の弱さを克服するために，何事にも臆せず挑戦していくという目標を立てるなど，これまでとは違った自分を見つけるぞという気持ちが伝わり，成長を感じました。

　第1文に指導要録を意識した「大くくりな評価」を書きます。

　第2文以降に，その具体的な様子を書きます。

　通知表所見をこのように書いておけば，年度末には，第1文の文末を常体に変えるだけで，指導要録の所見文となります。評価文作成に慣れてきたら，同時進行にもぜひチャレンジしてみてください。

6章

本物の働き方改革
道徳授業づくりは
学級づくりそのものである

Chapter6

Chapter6
01
意見のつなぎが心をつなぐ

　子供たちに「どんなクラスにしたいか」と聞くと，たいていは「明るく楽しいクラス」という声が返ってきます。けれども，そこに秩序や思いやりがなければ，それは騒々しいだけの野蛮な集団と変わりがありません。
　子供たちが望んでいるのは，安心して生活ができる居心地のいい場所です。それは，自分の発言を受け入れてもらえる場所です。

言葉でつなぐ

　教師が発問をし，一人の子が答えました。
「○×△です」
　続けて，次の発言がありました。
「ぼくも，Ａさんと同じで○×△です」
「私も，ＡさんとＢさんと同じで○×△です」
「私も，ＡさんとＢさんとＣさんと同じで○×△です」
「ぼくも，みんなと同じで○×△です」
　複数の子が同じことを答えています。でも，後に続いて発表した子は，「ぼくも，私も」「〜と同じで」「みんなと同じで」という答え方をしています。ほんのわずかな違いです。しかし，ここを逃さずほめます。
　「ぼくも」のもという言い方や，数名続いたらそれをまとめて「みんなと同じで」という言い方，それらをほめることで，子供たちは，自分の考えがすでに発表された考えと同じ，または似通っていても，はっきりと発表するようになります。また，自分の名前を呼ばれたＡさん，Ｂさん，Ｃさんは，うれしいのです。自分の発表を友達が聞いてくれた証拠です。そこに，子供

同士のつながりが生まれます。

　もちろん,「ぼくも, Aさんと同じで……」という言葉が築くことができるのは, ほんのわずかなゆるやかな子供同士のつながりにすぎません。しかし, 年間1000時間を超える授業の中で, 毎回そうしたつながりをつくったとします。すると, ほんのわずかなつながりが, 太くて強力なつながりになっていきます。

ここで道徳授業の出番

　道徳の学習では, 答えは一つではありません。だからこそ, 子供たちがいろいろな意見を出し合って話し合いができます。自分が思ったこと・考えたことを「正答・誤答」など気にせずに発表することができる時間が, 道徳なのです。

　道徳での子供の発言には, 子供自身の経験が表れます。自分の発言を受け入れてもらうことは, 自分自身のこれまでの経験——少々大げさに言えば自分の人生——を受け入れてもらうことなのです。道徳の時間に自分の人生を語り, 友達の人生を受け入れます。

　意見のつなぎが, 子供同士の心をつないでいきます。意見交流によって生まれた1対1の子供同士の関わりが, やがて学級全体へと広がります。その意味において, 授業づくりは学級づくりに直結しているのです。

・話し合い活動では,「反対・賛成・つけたし」ではなく, 意見のつなぎを重視する。意見のつなぎが心をつないでいく。
・道徳授業で, 安心して自分の経験（人生）を語れるクラスをつくる。

Chapter6 02
温かい雰囲気で実感する

　道徳授業を1時間やったからといって，子供たちが劇的に変容することはありません。けれども，道徳授業を毎時間きちんと実施していくと，学級内のある変化に気づきます。学級の雰囲気が，温かくなってくるのです。
　これは，教師が実感するしかありません。道徳授業の手ごたえをはっきりと感じることができる瞬間です。

「ありがとう」をテーマに

　私は，担任時代，「ありがとう」をテーマに学級づくりを進めていました。
　素直に「ありがとう」と言える子になろう。人から「ありがとう」と言われる子になろう。これは，「うれしい言葉といやな言葉」について考えた道徳授業がきっかけとなっています。
　その授業では，友達から言われて「うれしい言葉」と「いやな言葉」を発表させました。「いやな言葉」は，悪口やあだ名，呼び捨てなど，様々出されました。「うれしい言葉」は，ある言葉が圧倒的多数で出されました。その言葉は，「ありがとう」です。
　なぜ，子供たちは「ありがとう」と言われるとうれしいのでしょうか。それは，人のためになることができた自分を感じるからです。「自分って，結構やれるな」という思いを抱くようになるからです。その思いが，やがては自分自身を大事にしようとする自尊感情へと育っていきます。
　「ありがとう」をテーマにしながら，自尊感情をもった子供に育てていく。これが，私の学級づくりの目標になりました。

道徳授業の大単元構想

　目標が決まったら，それを達成するための方策が必要です。私は，道徳授業を学級づくりの中核に据えました。「ありがとう」をテーマにした道徳授業の大単元構想です。

　本書でも述べた「ぼく・わたしの『ありがとうのえほん』」の授業は，そのまま「ありがとう」のテーマに直結しています。ただし，この大単元構想は，内容項目Ｂ「感謝」を重点項目とする……というような意味ではありません。

　例えば，「ダンボ」の授業では，ダンボを励ましてくれた友達のティモシーへの感謝の気持ちについても取り上げます。「日本一短くて日本一温かい家族への手紙」の授業では，手紙に書かれた言葉に家族への「ありがとう」の思いが感じられます。また，自分の夢について考えれば（「夢は大きいほうがいい？」の授業），夢の実現には家族をはじめとする周りの人の支えがあることに気づきます。

　いくつかの授業が「ありがとう」で結びつき，大単元「ありがとう」が構成されていきます。年間35時間すべての授業が，この大単元に含まれるのではありません。それぞれの授業は，互いに緩やかな関わりを保ちながら，自尊感情をもった子に育てるという共通の目標のために存在しています。

　授業を積み重ねていくたびに，学級内で「ありがとう」という言葉が増えていきます。それに比例するかのように子供たちの笑顔も増えていきます。

・言った人も，言われた人も，うれしくなる。「ありがとう」には，人を笑顔にする力がある。
・どんな学級をつくりたいのか。その思いから道徳授業を構想してみる。

Chapter6
03
道徳授業が"働き方を改革"する

　残業時間の削減，ライフ・ワーク・バランス……。もちろん大切です。でも，早く帰ってのんびり過ごすことが「働き方改革」ではありません。
　子供が荒れる大きな要因の一つは，授業ストレスです。良質な授業を行うことが子供たちの健やかな成長につながり，問題行動も減ります。道徳授業で本物の働き方改革を進めましょう。

悪循環に陥らないために

　問題行動が起きたときの保護者面談ほど，教師にとって気の重い仕事はありません。口げんか程度であれば，子供への指導だけですみます。けれども，物を壊したり，怪我をさせたりした場合は，保護者への連絡が必要です。ほとんどの保護者は仕事をしていますので，連絡は夕方になり，その日のうちに面談となれば，さらに時刻は遅くなります。
　面談を比較的スムーズに終えたとしても，19時か20時になるでしょうか。精神的にも体力的にも，くたくたです。とてもじゃないけど，その後，明日の授業の準備をする気にはなれません。結果，翌日は準備不足で授業に臨み，実際の授業もうまくいきません。
　こんなことが繰り返されると，子供たちのイライラが募ります。わからない授業，つまらない授業を受けさせられることによって感じる授業ストレスです。授業のストレスは，子供の問題行動となって表れます。するとまた，保護者への連絡が必要になる場合があります。悪循環です。

道徳が大好きな子供たちに！

　悪循環に陥らないためには，楽しい授業（特に道徳授業）をすることです。とってもシンプルですが，これが一番の方策です。

　楽しい授業をするためには，授業の準備が必要です。もうひと手間の準備をするために，多少勤務時間を過ぎてしまうこともあるでしょう。でも，結果として，それが働き方改革につながっていきます。

　誤解を恐れずに言えば，各教科の学力には，個人差があります。でも，「心の学力」には，差はないはずです。道徳では，答えは一つではありません。子供たちが一生懸命に考えた答えであれば，全部正しいのです。

　私は，道徳が大好きです。だから，担任した子供たちも道徳が大好きでした。「次の時間，何だっけ？」「道徳だよ」「やった！」……子供たちのこんな会話を耳にするたびに，私も，内心，「やった！」と思いました。担任が好きな教科を，子供たちも好きになります。

　私の道徳への思いをさらに強くしてくれたのは，授業の手ごたえです。授業中の子供の反応，道徳の時間を楽しみにしている子供たちの様子，そして，徐々にではありますが確実に温かくなっていく学級の雰囲気……。子供の事実，授業の事実ほど心強いものはありません。

　準備を整えて授業に臨み，子供たちと一緒に充実した楽しい時間を過ごしてください。道徳授業が温かい学級をつくります。それこそが，本物の働き方改革です。

- まず教師が道徳を好きになる。自分が面白いと感じる授業を実施しよう。
- もうひと手間の準備が授業の質を上げる。良質な道徳授業を行えば，子供たちの笑顔が増え，問題行動も減る。"好循環"をつくる。

おわりに

　「道徳の時間」が特設されたのは，昭和33（1958）年のことです。昭和33年は，長嶋茂雄選手が巨人軍に入団し，世界初のインスタントラーメン・チキンラーメンが発売された年です。それから60年の年月が経ち，平成30（2018）年に小学校で，平成31（令和元・2019）年に中学校で，特別の教科として生まれ変わった「道徳科」が実施されるようになりました。

　戦前・戦中は，「修身科」が筆頭教科として学校教育で行われてきました。修身科の教科書には，今の道徳学習にも通じる人としての生き方が描かれているページもあります。一方で，戦場の兵士を英雄視した軍国主義が色濃く感じられるページもあります。昭和20（1945）年に終戦を迎えると，連合国軍最高司令官総司令部（GHQ）は，修身科を軍国主義教育とみなして授業を停止しました。

　心豊かな子供に育ってほしいと願わぬ人はいないはずです。けれども，道徳授業に対して未だに疑念をもつ人がいるのは（その思いをもつ人の多くは，教師よりも一般の方々です），道徳授業には修身科につながる歴史があるからなのです。

　道徳授業のネガティブなイメージを払拭すべく，「道徳科」は〈考える道徳・議論する道徳〉をキャッチコピーとして，華々しくスタートしました。

　当時は，大手書店の教育書コーナーには道徳関係の書籍が平積みされ，道徳の研修会は，教育委員会主催はもちろん，各研究団体でも全国各地で開催されました。そして，学校現場では，週1時間・年間35時間（小学1年生は34時間）の道徳授業が当たり前のこととして実施されるようになりました。

　しかし，一方で，道徳授業へ向かう教師の"熱"が，次第に冷めてきていると感じたことはないでしょうか。

　教材は，教科書に載っている「お話」を順番に扱えばいい。展開は，教科

書会社の「教師用指導書」の通りに進めれば，授業は成り立つ。評価のために，授業の最後には，毎回「振り返り」を書かせておこう……。

　道徳の教科化から7年目（中学校は6年目）を迎えた今，こんな安易な考えで道徳授業を行っていないでしょうか。

　教師が楽しければ，子供も楽しいのです。逆もまた真なりで，教師が道徳授業を「まあ，こんなもんでいいか……」と思っていれば，そのつまらなさはすぐに子供に伝わります。そして，授業は，終わることだけを楽しみにしている退屈なものになります。

　道徳授業づくりは，教師の思いから始まります。それは，教科書であれ自作であれ，どんな教材を使った授業でも根底にある思いは一緒です。こんな道徳授業をやりたい。そして，こんな子供を育てたい。ぜひ，その思いが込もった道徳授業を実施してください。

　私がこの本を書いたのは，「多忙化解消か，手間暇をかけた授業準備か」という多くの教師が抱えるディレンマを解消するためでもあります。

　手を抜いて，楽をすることが働き方改革ではありません。準備不足で授業に臨めば，その粗さを子供たちは見抜きます。授業の準備にも，勘所（外すことのできない大事なところ）があります。勘所を押さえて準備を整えれば，道徳授業がおもしろくなります（退屈な道徳にさよならできます）。

　道徳授業は，教師と子供，子供同士の心をつなぎます。心のつながりができれば，学級の雰囲気が温かくなります。問題行動が減り，学校生活が充実してきます。そして，教師の仕事にも好循環が生まれます。それこそが，本物の働き方改革です。

　本書が，子供たちの瞳が輝く道徳授業づくりのお役に立てるのなら幸いです。

　2024年8月 ― 教師の思いが道徳授業を変える… ―

佐藤　幸司

【著者紹介】
佐藤　幸司（さとう　こうじ）
山形市生まれ。山形県公立小学校長を経て，現在，東北芸術工科大学教職課程（道徳教育指導論）非常勤講師。日本道徳教育学会東北支部山形県理事。教育研究会「道徳のチカラ」代表。温かみを感じる素材でつくる「ほのぼの道徳授業」を提唱し，独自の主張による100を超えるオリジナル道徳授業を生み出している。主な著書に，『とっておきの道徳授業』シリーズ全20巻・『とっておきの「ニュース de 道徳」』・『道徳授業は自分でつくる』（日本標準），『プロの教師のすごいほめ方・叱り方』（学陽書房），『スペシャリスト直伝！　小学校道徳授業成功の極意』・『道徳の授業がもっとうまくなる50の技』・『WHYでわかる！HOWでできる！　道徳の授業Q＆A』（明治図書）などがある。

HP　　検索⇒「道徳のチカラ」
連絡先　Eメール　s-koji＠mwa.biglobe.ne.jp

道徳科授業サポートBOOKS
退屈な道徳にさよなら
道徳授業がおもしろくなる技術

2024年10月初版第1刷刊	©著　者	佐　藤　幸　司
	発行者	藤　原　光　政
	発行所	明治図書出版株式会社

http://www.meijitosho.co.jp
（企画）茅野　現（校正）中野真実
〒114-0023　東京都北区滝野川7-46-1
振替00160-5-151318　電話03(5907)6702
ご注文窓口　電話03(5907)6668

＊検印省略　　　　　組版所　藤原印刷株式会社
本書の無断コピーは，著作権・出版権にふれます。ご注意ください。

Printed in Japan　　　　　　ISBN978-4-18-256926-5
もれなくクーポンがもらえる！読者アンケートはこちらから→